아빠의
가족 독서모임
만드는 법

아빠의 가족 독서모임 만드는 법

초판 1쇄 2023년 2월 22일

지은이 신재호

펴낸이 원하나
편집 김동욱
디자인 정미영
일러스트 정기쁨
출력·인쇄 금강인쇄(주)

펴낸 곳 하나의책
출판등록 2013년 7월 31일 제251-2013-67호
주소 서울시 관악구 남부순환로 1855 통일빌딩 308-1호
전화 070-7801-0317 팩스 02-6499-3873
블로그 blog.naver.com/theonebook

ⓒ2023, 신재호
ISBN 979-11-87600-18-3 03800

책을 시작하며

책 읽어 주는 아빠의 꿈

"그 둘은 오래도록 행복하게 잘 살았답니다. 이제 끝! 자자."
"잉. 아빠 하나만 더 읽어 주면 안 돼?"
"벌써 밤 10시가 넘었네. 얼른 자야지. 내일 읽어 줄게."
"피. 아빠 미워!"
"알았어. 딱 한 편만이다."

첫째인 아들이 어릴 때, 자기 전에 꼭 동화책을 읽어 줬다. 내 무릎에 동그랗게 누워 말 한 마디 한 마디에 오롯이 집중하는 모습은 묘한 희열을 가져다줬다. 그 순간만큼은 아이에게 우주보다 거대한 존재가 된 것처럼 느껴졌다. 깊은 바닷속에서 고래와 사투를 벌일 땐 양손으로 이불 끝을 잡은 채 고개만 빠끔히 내밀었고, 마법 양탄자를 타고 파란 하늘을 날 땐 신나서 팔을 허우적댔다. 이야기에 푹 빠져 한 권 더 읽어 달라고 떼쓰는 아이를 간신히 달래며 재우는 일은 힘들면서도 즐거웠다.

첫째가 어느 정도 커서 내 품을 떠난 뒤에는 둘째인 딸이 바통을 이어받았다. 첫째와의 경험으로 훌륭한 이야기꾼이 된 나는 동화책을 넘어서 직접 이야기를 만들어 들려주기도 했다. 고사리손으로 커다란 책을 들고 이야기에 푹 빠져 초롱초롱한 눈으로 바라보던 둘째 모습을 지켜보며 남몰래 마음에 작은 씨앗 하나를 심었다. 언젠가 때가 되면 온 가족이 모여 앉아 책을 읽고 나누는 꽃을 반드시 피우리라. 이 책은 그 꽃을 피워 낸 과정의 기록이자 산물이다.

우선 가족 독서모임이라는 꿈을 이루기 위해선 반드시 넘어야 할 산이 하나 있었다. 바로 TV였다. 내가 어릴 적, 집에는 늘 TV가 켜져 있었다. 신기하게 아내도 그랬다고 한다. 정신을 모두 앗아 간 네모난 마법 상자 앞에 우리는 무기력했다.

결혼해서도 우리는 TV의 유혹에서 벗어날 수 없었다. 쉬는 날이면 네 가족 모두 그 앞에서 멍하니 시간을 흘려보냈다. 그러던 어느 날 화면에 빨간 줄이 하나 생기더니 이내 시커멓게 변해 어둠의 장막을 만들었다. 신혼 때 샀으니 고장이 날 만도 했다. 다른 제품으로 교체하려는 아내에게 용기 내 말을 꺼냈다.

"우리 이번 기회에 TV 없애면 어때? 요즘 주변에서 많이들 그런다는데."

"그래? 음…. 그래도 없으면 허전하지 않을까?"

"애들도 내내 TV만 보잖아. 더 습관 들기 전에 없애면 책도 많이 읽고 좋을 것 같은데."

아내는 반신반의했지만 그대로 밀어붙였다. 원대한 계획을 이루기 위해서는 반드시 이 고비를 넘어야 했다. TV가 사라진 공간에는 평온이 찾아왔다. 내친김에 거실에 있던 소파도 없애고 긴 테이블을 샀다. 하지만 아직 하나의 장벽이 더 남아 있었다. 바로 아내였다. 책 읽기를 평소에 즐기는 편이 아니어서 독서모임을 하자고 할 때 어떻게 반응할지 두려웠다. 혹여나 싫다고 하면 어쩌지. 그래서 말도 꺼내지 못하고 냉가슴만 앓았다.

그런데 둘째가 초등학교에 입학하자 아내는 동네에서 친한 학부형들과 독서모임을 시작했다. 웬일인가 싶었더니 아이가 읽는 책을 엄마들도 함께 읽으며 나중에 이야기 나누겠다는 원대한 목표가 있었다. 아이 교육에 열성인 아내의 노력이 대단했다. 그리고 분명 나에게도 좋은 기회였다. 적당한 때를 골라 말을 꺼냈다. 마침내 숨겨 놓았던 꿈을 펼칠 순간이었다.

"여보. 당신도 독서모임을 시작했고, 나도 이미 하고 있으니 이번 기회에 우리 가족 독서모임을 해 보면 어떨까? 엄마 아빠가 책 읽는 모습을 보이면 아이들도 자연스럽게 따라오지 않을까? 재미도 있을 것 같고."

"그래요. 대신 애들도 하고 싶은지 꼭 물어보고."

의외로 쉽게 답하는 모습에 놀랐다. 하긴 아내도 독서모임을 시작하곤 부쩍 책 이야기를 자주 했다. 책의 매력에 푹 빠져 있었다. 쇠뿔도 단김에 빼라고, 그날 가족회의를 했다.

"아빠가 중요하게 할 말이 있는데, 우리 가족 독서모임을 하면 어떨까?"

"그게 뭔데?"

"우리가 다 같이 책을 읽고 이야기 나누는 거야. 어때, 재밌겠지?"

"진짜? 엄마도 아빠도 모두?"

"그럼!"

둘째는 신기한 듯 나를 바라봤다. 이제 초등학교 고학년에 진입한 첫째는 살짝 심드렁한 표정을 지었지만, 대세를 거스르진 못했다. 가족 모두 합의했기에 모든 일은 순조롭게 흘렀다. 함께 규칙을 정하고, 어떤 방식으로 모임을 운영할지 이야기했다. 누구 한 사람의 의견이 아닌 다 함께 논의한 결과에 따라 모든 과정을 정했다. 그중에서도 책 선정이 가장 고민되었다. 둘째는 이제 막 한글을 뗐기에 읽을 책이 제한적이었다.

하지만 뜻이 있는 곳에 길이 있다고, 때마침 지인을 통해 그림책 북 토크에 참여하게 되었다. 오가는 이야기를 들으며 '바로 이거야' 하는 생각이 머릿속을 스쳤다. 그림책은 글밥이 적어 둘째도 무리 없이 읽고 나눌 수 있었다. 그런데 책 선정 과정에서 첫째가 매번 그림책으로 하면 재미없다며 본인이 읽고 싶은 책도 하겠다고 주장했다. 그래서 조율 끝에 공통 도서인 그림책과 각자 읽고 싶은 책인 개별 도서를 번갈아 가며 하기로 했다.

드디어 모든 준비가 끝났다. 간절히 원하면 이루어진다고, 오래도록 간직했던 꿈이 실현되는 순간이었다. 얼마나 가슴이 벅차던지. 과연 될까 싶었던 일이 하나둘 이루어지는 과정에서 우리는 가족 독서모임을 할 수밖에 없는 운명이 아니었을까 하는 생각마저 들었다. 첫 모임은 의미 있는 곳에서 하고 싶었다. 아내는 열심히 검색하더니 인천에 있는 북 카페를 찾았다. 공간이 워낙 넓어서 우리 가족이 독서모임을 하기에 안성맞춤이었다.

주말 오후, 카페로 가는 길에 흥분을 주체할 수 없었다. 하늘에 떠가는 구름, 창문 너머로 불어오는 바람, 길가에 핀 꽃들 모두 얼마나 아름답던지. 아내는 들뜬 내 모습을 바라보며 웃음 지었다. 도착해서 적당한 곳에 자리를 잡고 모임을 시작했다.

첫 모임은 두 시간 남짓 걸렸다. 아직 한글에 서툰 둘째가 책을 읽으며 겪는 어려움, 모든 질문에 단답형인 첫째의 태도, 생각보다 길어진 시간에 흐트러진 집중력 등 여러 난관이 있었다. 그럼에도 책을 읽고 생각을 나누는 즐거움은 모든 고난을 상쇄하고도 남았다. 상상 이상으로 좋은 시간이었다. 또 하고 싶다는 둘째의 마지막 소감이 얼마나 힘이 되던지. 마음속에 심은 씨앗이 자라 활짝 꽃을 피워 낸 순간이었다.

그렇게 설렘을 가득 품고 가족 독서모임을 한 지 벌써 4년이 훌쩍 넘었다. 시작이 좋았고 서로가 배려했기에 가능한 일이었다. 물론 뜻하지 않은 위기도 겪었고 말 못 할 고충도 있었다. 그런데도 지금까지 꾸준히 이어 온 이유는 책을 통해 서로의 마음을 나누고 소통하는 즐거움이 무엇과도 바꿀 수 없을 만큼 크기 때문이다. 이제는 마음 안에 또 다른 꿈이 자라고 있다. 나중에 아이들이 결혼해서 손주가 태어나고 삼대가 함께 가족 독서모임을 하면 어떨까. 상상만으로도 가슴이 벅차오른다.

이번 책을 쓰면서 포장하지 않은 있는 그대로의 모습을 보여 주고자 했다. 혹여나 가족 독서모임을 하고 싶지만, 방법을 모르는 분들을 위해 시작부터 끝까지 모든 과정을 가감 없이 담았다. 나와 같은 시행착오를 겪지 않도록 몇 가지 팁도 기록했다.

이 모임의 끝이 어디일지는 알 수 없다. 나는 여전히 진행할 책을 고르고 날짜를 잡고, 가족과 공유한다. 이번엔 또 어떤 재미난 이야기가 펼쳐지려나. 그 기대만으로도 퍽퍽한 일상에 한 줄기 빛이 비친다.

  흔히들 초심이 중요하다고 한다. 이제는 당연시하는 가족 독서모임이 이루어지기까지 얼마나 큰 노력이 있었는지 잊지 말고 소중히 여기며 오래도록 이어 가야겠다. 시작이 있으면 반드시 끝도 있기 마련이지만, 가족 독서모임만은 영원하길 진심으로 바라본다. 나아가 많은 사람이 이 기쁨을 알았으면 좋겠다. 혹여나 이 책을 읽고 '우리 집에서도 독서모임을 한번 해 볼까' 하는 마음을 갖게 된다면 더할 나위 없는 영광이요, 보람일 것이다.

2023년 2월

신재호

차례

4   책을 시작하며 – 책 읽어 주는 아빠의 꿈

독서모임, 시작은 이렇게

16 **독서모임 참여부터 시작하세요**
    첫 독서모임의 기억 · 독서모임 경험하는 법

23 **가족 독서모임 꾸리기**
    책을 고르고 질문 만들기 · 『이웃이 생겼어요』를 읽고 나눈 대화들 · 가정의 분위기에 맞게 자연스럽게 대화하기

35 **독서모임 하면 뭐가 좋아요?**
    토론을 하면서 자라나는 생각 · 『미스 럼피우스』를 읽고 나눈 대화들 · 가족 독서모임 토론법

43 **독서모임이 빛나는 순간**
    함께 퍼즐을 맞춰 가는 기분 · 줄거리 설명에 공을 들이면 벌어지는 일 · 『죽은 자의 집 청소』를 읽고 나눈 대화들

53 **식구들과 그림책을 읽는 법**
    그림책 독서모임을 시작한 이유 · 차곡차곡 쌓이는 그림책의 추억 · 터울이 있는 자녀와 그림책 독서모임 하는 법

62	**그림책 『여름이 온다』 독서모임**	

62　**그림책 『여름이 온다』 독서모임**
　　둘이서라도 괜찮아 · 『여름이 온다』를 읽고 나눈 대화들

69　**주제가 있는 독서모임**
　　페미니즘 소설, 괜찮을까? · 『현남 오빠에게』를 읽고 나눈 대화들

77　**가족 독서모임 대화법**
　　아이들 앞에서 솔직해도 될까 · 솔직한 고백으로 분위기가 얼었다면 · 진솔하게 '독서모임 대화'하는 법

독서모임은 예기치 않은 일들의 연속

90　**독서모임에서 만난 암초**
　　모임 전 아내와 다투었더니 · 모임을 하다 보면 갈등은 자연스러운 일

95　**나도 독서모임이 귀찮을 때가 있다**
　　무언가를 바라고 시작하지는 않았지만 · 가족 독서모임 기록하는 법

103　**사춘기 아들과 독서모임**
　　독서모임을 그만하겠다는 아들 · 사춘기 자녀와 독서모임 하는 법

110　**아이 사춘기에 독서모임이 필요한 이유**
　　자연스레 아이들의 마음을 읽는 법

117　**단 하나의 이유만으로도 충분하다**
　　내가 왜 사서 이런 고생을 하나 · 모임을 통해 성장하는 우리 가족

3장
독서모임은 가족의 소통 창구

126 **독서모임 여행 떠나기**
강릉에서 한 독서모임 · 경주에서 한 독서모임 · 독서모임 여행 떠나는 법

136 **아이들의 흥미를 위한 이벤트**
가족 독서모임 연말 시상식 · 독서모임의 소소한 재밋거리

145 **가족 독서모임을 넘어**
독서 마라톤부터 야외 모임까지

150 **'한별 가족 독서모임'이 기사에 실리다**
독서모임을 통해 크고 밝은 별이 되기를

157 **일곱 빛깔 독서모임**
저마다의 빛깔로 어우러지는 시간

164 **모두가 운영자가 되길 꿈꾸며**
함께 모임을 운영하면 얻는 것들 · 가족 독서모임 운영자의 역할

172 **독서모임을 한다면 별도 달도 따 줄게**
내가 모임에 빠진 이유

180 **가족 독서모임은 계속되어야 한다**
독서모임은 평생 이어 갈 독서의 여정

186 책을 나가며 - 가족 독서모임으로 꿈꾸는 일

독서모임,
시작은 이렇게

독서모임 참여부터 시작하세요

첫 독서모임의 기억

요즘 가족 독서모임을 하고 싶다며 방법을 묻는 지인들이 많아졌다. 블로그 댓글이나 인스타그램 메시지로 문의가 오기도 한다. 그럴 땐 꼭 해 보라고 응원을 가득 보내지만, 어떻게 해야 할지 모르겠다는 말이 꼬리처럼 이어진다. 간단명료하게 답을 하려니 살짝 막막하다. "그냥 시작해 보세요."라는 말은 책임감이 없어 보이고, "내가 도와줄게요."라는 말은 현실성이 떨어진다. 그래서 고민 끝에 얻은 결론은 먼저 독서모임에 참여해 보라는 것이다.

기본적으로 독서모임은 책을 읽고 나누는 곳이지만, 그

안에서의 진행 방식은 모두 다르다. 나 역시도 독서모임에 참여한 지 5년이 되었고, 지금까지 세 곳의 독서모임과 함께했다. 그간의 경험이 가족 독서모임에 모두 녹아들어 있다.

처음 독서모임에 참여하겠다고 마음먹은 후 방법을 몰라 헤맸다. 주변에 독서모임을 하는 지인도 없었다. 그래서 인터넷에 검색해 보니 동네 근처 독서모임의 공고문이 있었다. 일단 신청하고 연락처를 남겼는데, 심장이 콩닥거렸다. 마흔 넘어 주책인가도 싶고. 며칠 뒤 연락이 왔고, 퇴근 후 모임 장소로 갔다.

열 명이 모여 있었다. 나와 같은 신입 회원은 다섯 명이었다. 기존 분들은 이미 친해 보였다. 간단한 자기소개를 마치고 조용히 책 읽는 시간을 가졌다. 1시간 정도 침묵이 흘렀다. 남은 시간은 돌아가면서 책 내용을 소개하고 소감을 나눴다. 기대만큼 토론이 이루어지지 않아서 살짝 아쉬웠지만, 그래도 독서모임에 첫발을 내디뎠다는 것만으로도 의미가 있었다. 2주에 한 번씩 꼬박꼬박 6개월을 참여했다. 그러다 모임장이 결혼하면서 탈퇴했고, 회원들도 하나둘 빠지더니 흐지부지 모임이 끝나 버렸다.

아쉬운 마음을 감출 수 없었고, 독서모임에 대한 갈증은 커져만 갔다. 다시 인터넷을 뒤졌고, 이번엔 회사에서 도보로 갈 수 있는 거리의 독서모임을 찾았다. 바로 '하나의 책' 독서모임이었다. 그곳에서 운영하는 블로그에는 철학, 문학, 여성 독서모임 등 다양한 종류가 소개되어 있었다. 무척 체계적이란 느낌을 받았다. 댓글에도 좋은 이야기가 가득해서 기대되었다. 마침 독서모임에 자리가 있어서 얼른 신청했다. 선정 도서는 김희경 작가의 『이상한 정상가족』이었다.

모임 장소에 도착하니 운영자가 반갑게 맞이해 줬다. 공간에 책도 가득해 포근한 마음이 들었다. 처음 보는 분들과 인사를 나눈 뒤 책 이야기를 했다. 다양한 가족 형태에 관한 책이었고, 당연하게 여기던 기존의 가족 개념을 과감히 벗어나 다소 충격적인 내용이었다. 자칫 민감할 수 있는 주제였기에 어떻게 말을 꺼내야 할지 살짝 주저되었다. 하지만 걱정은 기우였다. 한 분이 이야기를 꺼냈고, 운영자는 공감을 가득 보내 줬다. 그리곤 우리에게도 의견을 물었다. 서서히 긴장이 풀리며 이야기의 물꼬를 틀 수 있었다.

운영자는 미리 준비한 질문 보따리를 풀면서 한 사람에게 이야기가 몰리지 않도록 시간 배분을 잘했고, 토론이 끊기지 않도록 화두를 던졌다. 그것이 인연이 되어 5년째 '하나의책' 독서모임과 함께하고 있다. 지금은 회원 각자가 책을 한 권씩 선정해서 1년 동안 진행하는 '내 인생 최고의 책 독서모임'에 참여하고 있다. 이런 독서모임 활동을 통해 가족 독서모임을 시작할 용기를 얻었다.

그리고 독서모임에서 체득한 노하우를 가족 독서모임에 모두 담았다. 책의 줄거리 소개와 질문 나누기부터 마지막 소감까지 큰 틀은 독서모임에서 가져왔다. 하지만 형식만 따라 해서는 모임이 잘될 수 없다. 물 흐르듯 흘러가면 좋으련만 언제든 예기치 못한 상황에 부닥친다. 아이들은 때로 주제에 맞지 않는 이야기를 하거나 엉뚱한 말로 진을 빠지게 한다. 이 정도는 양반이고 기분 변화에 따라서 아예 말을 하지 않을 때도 있다. 그럴 때 분위기를 조성하고 모임이 계속 진행될 수 있게 하는 것이 중요하다.

무엇보다도 절대 감정을 드러내지 않으며 있는 그대로 반응을 존중해 주고, 질문을 통해 모임 안으로 데려오는 역할을 잘해야 한다는 것이 그간 독서모임에서 배운 점이다. 아마도 독서모임에 참여하지 않았더라면 그 상황에 화를 내거나 오히려 분위기를 어둡게 해서 종국에는 모임이 중단되는 일까지 벌어졌을지도 모른다.

지금도 배움은 멈추지 않고 있다. 내가 참여하는 독서모임뿐 아니라 주변에서 진행되는 독서모임에서도 정보를 얻어 가족 독서모임에 적용하고 있다. 또한 독서모임에 참여하면서 다루고 싶은 주제를 새롭게 발견하기도 했다.

예전에 참여한 고전 독서모임에서 올더스 헉슬리의 『멋진 신세계』를 읽었다. 왠지 고전은 무겁고 지루할 거란 생각과 달리 백여 년 전에 나온 소설임에도 뛰어난 상상력과 시대를 초월한 소재에 놀랐다. 이런 고전을 가족 독서모임에서도 다루면 어떨까. 아직 둘째가 초등학생이라 어렵겠지만, 좀 더 시간이 지나면 시도해 볼 예정이다.

이렇듯 독서모임은 꾸준히 영감을 주고 나아가야 할 방향을 제시해 준다. 그러니 혹여나 마음속에 가족 독서모임이란 꿈이 자리하고 있다면 먼저 인터넷에 '독서모임'을 검색해 보길 바란다. 분명 새로운 길을 찾게 될 것이다.

독서모임 경험하는 법

1. 독서모임 검색
인터넷, 블로그, 인스타에서 검색하면 어렵지 않게 독서모임을 찾을 수 있다. 그중에서도 집이나 회사에서 가까운 곳으로 선택하면 좋다. 최근에는 온라인 모임도 많지만, 독서모임은 직접 얼굴을 보면서 참여해야 그 참맛을 느낄 수 있다.

2. 처음에는 단기 모임부터
모든 독서모임이 좋지만 자신과 결이 맞는 곳이 분명 있다. 그러므로 처음에는 단기 모임부터 시작해 보고, 괜찮다면 계속 참여하기를 추천한다.

3. 다양한 주제 경험하기
처음에는 자신이 원하는 주제를 다루는 모임에 참여하는 것이 당연한 일이나, 나중에는 다른 주제에도 도전해 보면 좋겠다. 다양한 책을 읽을 수 있고, 독서모임이 아니면 절대 읽지 않을 책을 통해 독서의 지평을 넓힐 수도 있다.

4. 가족 독서모임 시작하기

독서모임에 꾸준히 참여해 준비되었다고 판단되면 주저 없이 가족 독서모임을 시작해 보자. 그간 쌓인 자신만의 비법을 마음껏 발휘하면 된다. 내가 했던 방식은 이제부터 차차 공개한다.

가족 독서모임 꾸리기

책을 고르고 질문 만들기

독서모임에 꾸준히 참여하면서 운영자가 어떻게 모임을 이끌어 가는지 유심히 살피다 보면 자신이 원하는 가족 독서모임의 청사진이 머릿속에 그려진다. 물론 대략적인 구상일 뿐이라 여전히 막연할지 모르지만, 식구들과 함께 만들고 싶은 독서모임의 모습이 떠오른 것만으로도 훌륭한 시작이라 할 수 있다.

원하는 방향이나 주제를 정했다면 이제는 좀 더 구체적인 방법을 고민해야 한다. 나도 처음에는 어떤 식으로 운영해야 할지 고민이 많았다. 단순히 책을 읽고 의견을 나누면 될 것 같았지만, 부모와 자녀가 함께하는 모임이기에 책 선정부터 쉽지 않았다. 어른 중심의 책은 아이가 이해하기 어려웠다. 그렇다고 아이들 책만 하면 흥미가 떨어질 것 같았다. 그래서 한 번은 자율 도서로 각자 고른 책을 읽고 나눴고, 다른 한 번은 한 권의 그림책을 공통 도서로 지정해 모임을 열었다.

그림책은 마치 시와 같아서 짧은 글과 그림 안에 거대한 의미가 담겨 있다. 무엇보다도 어른과 아이 모두 쉽게 이야깃거리를 꺼낼 수 있다는 장점이 있다. 처음 가족 독서 모임을 한다면 그림책으로 시작하기를 추천한다. 최근에는 조금 더 심오한 이야기가 담긴 '어른들을 위한 그림책'도 있으니 활용하면 좋겠다.

자율 도서를 고를 때는 아이를 고려해서 자극적이거나 폭력적인 내용은 최대한 피했다. 조금이라도 교훈을 얻을 수 있는 책을 골랐다. 책 내용을 설명할 때는 아이 눈높이에 맞춰 쉽게 풀어 주려 노력했다. 자율 도서는 다양한 세대의 책을 나눌 수 있다는 점이 매력이다. 내가 골랐던 몇몇 책은 첫째가 나중에 꼭 읽고 싶다고 했다. 그렇게 자연스레 아이들에게 어른 책에 관한 관심을 유도할 수 있었다.

책 선정이 끝나고 나니 이번엔 어떤 식으로 진행할지가 고민이었다. 그래서 당시 참여하고 있던 '하나의책' 독서모임을 벤치마킹했다. 우선 줄거리를 간단히 이야기하고, 책 안에서 질문거리를 찾아 묻고 답하는 시간을 가졌다.

질문을 만드는 과정은 쉽지 않았다. 처음 독서모임을 시작한 시기가 둘째가 막 초등학교에 입학했을 때라 아이는 책 내용을 이해하고 그에 알맞은 질문을 하는 것을 어려워했다. 하지만 우리는 둘째가 책을 조금 더 이해할 수 있도록 설명도 하고, 아이의 질문이나 답변이 늦거나 서툴더라도 기다리면서 책 대화를 나눴다. 그 결과 초등학교 4학년 진학을 앞두고 있는 둘째가 이제는 누구보다 질문을 잘하는 으뜸 회원이 되었다.

독서모임의 마무리는 각자 참여한 소감을 나누며 정리하고, 좋았던 부분이나 앞으로 바라는 점을 건의하는 시간으로 정했다. 기본 틀은 이렇게 짰고, 운영하면서 조금씩 추가했다. 그림책의 경우 나중에는 책 표지에서 느낀 점과 가장 인상적인 장면을 이야기하고 그 이유를 나누기도 했다.

『이웃이 생겼어요』를 읽고 나눈 대화들

다음은 가족 독서모임에서 나눈 대화다. 공통 도서로 그림책 『이웃이 생겼어요』를 다뤘다. 처음에는 식구들이 돌아가면서 큰 소리로 한 장씩 나눠 읽었고, 아내가 전체적인 줄거리를 설명했다.

엄마) 그럼, 엄마가 줄거리를 간략하게 요약해서 들려줄게. "빨강 지붕에 사는 꼬꼬는 파랑 지붕에 이사 온 이웃을 무척 만나고 싶었어요. 그러나 아무리 기다려도 이웃을 볼 수가 없었습니다. 그래서 놀러 오라는 편지를 써서 옆집 문에 붙여 두었네요. 그날 밤 파란 지붕 문이 열리고 올빼미가 집 밖으로 나왔습니다. 꼬꼬는 낮에 활동하고 올빼미는 밤에 활동하기 때문에 서로 볼 수가 없던 것이에요. 올빼미는 반가워서 내일 만나겠다는 답장을 했지만, 아무리 기다리고 기다려도 만날 수가 없었습니다. 그러다 우연히 서로 만나게 되었고, 자주 만나지는 못하지만 알림판으로 이야기를 나누며 사이좋게 지내게 되었습니다." 이제 질문거리를 나눠 보자. 먼저 아들이 질문해 볼래?

아들) 꼬꼬가 올빼미를 처음 만났을 때 놀란 이유는 무엇일까?

엄마) 각각 낮과 밤에 활동하는 생활 패턴이 다르다는 것을 한눈에 확인하고 놀란 거야.

딸) 올빼미는 밤에 일하고 꼬꼬는 낮에 일하기 때문에 처음 봐서 놀랐어.

아들) 서로 얼굴을 보고 너무 못생겨서 놀랐지.

아빠) 딸과 의견이 비슷해. 낮에 활동하는 꼬꼬와 밤에 활동하는 올빼미는 태어나서 서로를 처음 본 거야. 그래서 깜짝 놀랐어. 다음은 내가 질문해 볼게. 혹시 학교에서 전학 온 친구를 만난 경험이 있으면 나눠 볼까?

딸) 학기 초부터 남학생 한 명이 전학을 온다고 했는데 아직도 오지 않았어. 우리는 그 친구가 오면 잘 다닐 수 있도록 각자 맡은 역할이 있거든. 나는 서랍장 정리하는 법을 알려 주기로 했어. 언제 올까 기대하고 있는데 선생님께서 다음 주에는 온다고 해서 기다리고 있어.

이때 아내가 부연 설명을 했다. 그 남학생 아빠가 미국에 주재원으로 있어서 곧 한국에 들어올 예정인데 계속 일정이 미뤄지고 있다고 했다. 딸이 얼마 전부터 많이 기대하고 있다고 했다. 우리는 모두 그 친구가 오면 딸이 먼저 다가가 도움을 줬으면 좋겠다는 이야기를 나눴다.

아들) 얼마 전에 남학생이 우리 반에 전학을 왔어. 내 뒤에 앉게 되었는데 엄청 말썽꾸러기더라고. 자꾸 내 팔을 쳐서 화가 난 적도 있어. 그 아이는 무척 활발해서 친구들에게 잘 다가가는데 그 모습이 신기했어.

아들의 말에 아내는 그래도 전학생에게 도움을 주고 잘 지내보라고 권유했는데, 아들은 계속 별로라고 거부했다. 나도 뭔가 도움 줄 것이 있는지 찾아보라고 했는데, 아들은 "그 아이는 이미 사교적이라 알아서 잘한다."라고 답했다.

엄마) 나는 초등학교 때 두 번 전학 간 경험이 있어. 당시에는 활달한 성격이라 어떤 친구를 만날지 많이 기대했었지. 친구들도 다른 곳에서 온 나를 신기하게 바라봐 줬고 친절하게 대해 줘서 잘 지냈던 기억이 있어.

아들은 아내에게 그때 불편한 점이 없었냐고 물었고, 아내는 특별히 없었다고 답했다. 아내는 아들과 딸에게 새로 전학 온 친구가 있다면 잘해 달라고 당부했다.

아빠) 다음은 딸이 질문해 볼까?

딸) 지금 우리는 낮에 살고 있는데 혹시 밤에 살고 싶었던 적이 있어?

엄마) 사실 나는 밤에 활동하기를 좋아하는 야행성이었어. 그래서 신혼 때는 아빠와 갈등이 있었지. 나는 늘 밤늦게 자고 아침에 느지막이 일어나는데, 아빠는 저녁 10시면 자고 아침 일찍 일어나니 서로 얼굴 보기도 힘들었어. 그런데 지금은 너무 피곤해서 예전보다 훨씬 일찍 자. 하지만 나는 밤에 집중이 더 잘돼서 지금도 밤에 사는 꿈을 꿔.

이때 나는 부모님 이야기를 했다. 부모님도 우리 부부와 마찬가지로 어머니는 야행성이고 아버지는 아침형 인간이다. 어릴 땐 부모님의 서로 다른 생활 방식이 무척 신기했다. 그러자 아들은 얼마 전 부모님 댁에서 잤던 경험을 이야기해 줬다. 정말로 할아버지는 저녁 9시가 되니 잠자리에 드셨고, 아들은 할머니와 밤늦게까지 텔레비전을 봤다고 했다. 이런, 갑자기 아내 눈빛이 심상치 않게 바뀌었다.

아들) 나도 밤에 놀고 싶어. 특히 뭘 만들 때는 밤에 훨씬 집중이 잘 되니까. 하지만 아빠와 엄마는 일찍 자라고 해서 아쉬워. 언제 기회가 되면 꼭 늦게까지 놀 거야.

아빠) 나는 어릴 때는 어머니 때문에 잠을 늦게 잤어. 그런데 알고 보니 나는 아침형 인간이었지. 그래서 성인이 된 후에는 일찍 잠자리에 들었어. 하지만 금요일 저녁에는 여유가 있으니까 밤늦게까지 책도 보고 글도 쓰고 싶네. 마지막으로 엄마의 질문을 들어 보자.

엄마) 책에서처럼 자기와 성격이나 성향이 다른 친구가 있어?

아들) 나는 있어. ㅇㅇ인데 지금 나랑 가장 친한 친구야. 좋아하는 것도 비슷해서 평소에는 잘 지내는데 나와는 다른 점이 있어. 그 친구는 성격이 느긋해서 어떤 일을 하든지 늦게 해. 특히 학교 숙제 같은 건 늘 제일 마지막에 내. 나는 성격이 급해서 미리 해야 하는데 이건 아빠를 많이 닮은 것 같아. 아빠도 성격이 무척 급하잖아. 싫지만 어쩔 수 없지.

나는 부정하고 싶었으나 갈수록 급해지는 성격 탓에 인정할 수밖에 없었다. 나도 어릴 때 아버지의 급한 성격이 싫었는데, 아들에게 같은 감정을 갖게 하다니…. 아내는 급한 성격이라도 그 사실을 잘 알고 있으면 천천히 행동할 수 있다고 이야기해 줬다. 과연 그럴까?

딸) 나도 있어. ㅇㅇ인데 착하고 좋은 친구야. 그런데 그 친구는 겁이 무척 많아. 그래서 그네를 타면 나는 높은 곳까지 날아가는데, 그 친구는 어느 정도 올라가면 그냥 멈추더라고.

엄마) 나는 친구 사이에는 비밀이 없어야 한다고 생각해. 친한 친구 중 한 명은 나와 생각이 달라. 그 친구는 친구 사이에도 다 말할 수 없는 것이 있다고 하더라고. 그래서 가끔 슬프기도 해.

아빠) 나에게는 엄마가 그런 존재야. 나도 아들처럼 성격이 급해서 어떤 일이든 미리 해치워야 직성이 풀리는데, 엄마는 닥쳐서 하는 경향이 있어. 그래서 처음에는 서로 이해를 못 했는데, 지금은 성향이려니 하고 넘어가지.

이때 딸이 이야기를 쏟아 내기 시작했다. 아빠와 엄마가 싸울 때 왜 꼭 아빠가 먼저 사과하느냐고 물으며 엄마도 사과해야 한다고 주장했다. 아내는 대부분 아빠가 잘못하기 때문이라고 답변했다. 딸은 엄마가 오빠를 혼낼 때 너무 무서워서 움찔할 때가 많다는 이야기도 했다. 덜 무섭게 혼냈으면 좋겠다는 것이 딸의 의견이었다. 순간 나는 눈치 없이 아이들도 알 건 다 안다고 이야기했다가 아내의 달라진 눈빛을 보고는 바로 소감을 나누자며 화제를 전환했다. 평소 '엄마 바보'인 딸이 왜 그런 이야기를 했는지 모르겠지만 그저 고마웠다.

아빠) 질문이 모두 끝났으니 각자 소감을 이야기하며 마무리하자.

엄마) 독서모임을 하면서 책 이야기뿐 아니라 내 주변 친구까지 이야기가 확장되어 신기해. 특히 아이들의 이야기를 알 수 있어서 더욱더 좋았어.

아들) 이야기를 통해서 내 주변 친구에 대해 생각해 볼 수 있었어. 엄마 말처럼 친구에게 더 관심을 가져 보려고 해.

딸) 독서모임에서 재밌는 이야기를 나눠서 좋았어. 나는 올빼미처럼 밤에 살고 싶어. 오늘 독서모임 정말 즐겁고 좋았어.

아빠) 책을 통해 우리가 경험한 내용을 솔직하게 공유할 수 있어서 참 좋았어. 앞으로도 오늘처럼 솔직하게 경험을 나누는 시간을 계속 이어 가자고.

가정의 분위기에 맞게 자연스럽게 대화하기

우리 가족의 대화를 보면 알 수 있듯이 독서모임에서는 질문에 따라 서로에 대한 감정이 드러나기도 한다. 이 과정에서 몰랐던 식구들의 면모를 만나게 되고, 그러면서 서로 이해하는 시간을 갖게 된다. 저마다의 가정 분위기에 맞게 대화를 이어 간다면 큰 부담 없이 그날의 모임을 소화할 수 있을 것이다.

블로그 이웃 중 가족 독서모임을 시작한 분이 있다. 내 블로그에서 가족 독서모임을 소개한 글을 보고 방법을 알고 싶다는 댓글을 남긴 분이다. 그래서 간단하게 운영 팁을 알려 줬다. 그분은 아이가 없어서 남편과 둘이 시작했고, 그 내용을 자신의 블로그에 올리기 시작했다.

본인과 다르게 남편은 책 읽기를 무척 싫어했는데, 모임을 통해 책에 관심을 갖게 되었다는 이야기에 기분이 좋았다. 독서모임 덕분에 상대방 입장을 잘 이해하게 되었다는 글에는 왠지 모를 뿌듯함도 느꼈다. 모임이 진행될수록 내가 전달한 방법에서 벗어나 둘만의 가족 독서모임을 꾸며 가는 모습에 댓글로 무한 응원을 보냈다.

아들 친구네 중에도 아내에게 가족 독서모임 이야기를 듣고 시작한 사례가 있다. 남편이 바쁜 관계로 엄마와 아이 둘이 먼저 문을 열었다고 한다. 가족 독서모임은 반드시 모든 식구가 참여할 필요는 없다. 우선 가능한 사람부터 시작하고 나중에 참여를 유도해도 좋다. 독서모임 하는 모습을 지켜보면 언젠가는 함께하고 싶어질 테니까.

그분은 수시로 어떻게 진행하면 좋을지 물었고, 우리는 방법과 추천 책을 알려 줬다. 나중에 들었는데 독서모임을 하며 그림책의 매력에 푹 빠져서 아이들과 함께 서점에서 책을 고르는 취미가 생겼다고 한다. 얼마 전에는 아내에게 두 가족이 함께 독서모임을 하자고 했단다. 상상만으로도 설렜다. 독서모임을 통해 아이들의 속마음을 살필 수 있어서 좋고, 진즉에 하지 못한 것이 후회된다는 말에 절로 미소가 나왔다.

혹시 가족 독서모임을 할까 말까 고민 중이라면 일단 저질러 보길 바란다. 저지르면 어떻게든 진행이 되는 법이다.

독서모임 하면 뭐가 좋아요?

토론을 하면서 자라나는 생각

가족 독서모임을 한다고 하면 주로 나오는 반응이 있다.
"와! 좋겠어요."

그리곤 "그런데, 하면 뭐가 좋아요?"라는 질문이 꼬리표처럼 따라붙는다. 사실 독서모임을 하면서 구체적으로 뭐가 좋은지는 생각해 보지 않았다. 특별한 목적을 가지고 시작했다기보다는 그 자체가 좋았다. 함께 책을 읽고 생각을 나누는 것만으로 가슴이 벅찼다.

곰곰이 생각해 보니 가장 먼저 떠오르는 것이 있다. 바로 모임을 통해 자유로운 토론을 할 수 있다는 점이다. 70년대

생인 우리 세대에게 토론 문화는 쉽지 않았다. 가정에서는 주로 부모님 말씀을 따라야 했고, 의견을 내는 것 자체가 거슬리는 행동이었다. 학교에서도 주입식 교육에 따라 일방적으로 받아 적고, 외우고, 정답을 쓰는 데에만 익숙했다. 그러다 대학에 진학하니 조별로 토론하는 과제들이 있었다. 의견 주고받기가 익숙지 않은 상황에 무척 고전했던 기억이 난다.

직장인이 되어 보니 아이디어를 내거나 기획하는 일 모두 자유로운 토론에서 나올 때가 많다. 여전히 과거의 옷을 벗어 버리지 못하고 주변 눈치만 살피는 데 반해, 새로 입사한 직원들은 거침없이 의사 표현을 잘한다. 상대방과 의견이 다르면 객관적인 증거를 바탕으로 반박한다. 그건 비난과는 차원이 다른 수준이다. 과거보다는 토론 문화가 정착된 듯싶다. 앞으로는 사회생활의 주요 요소 중 하나가 자기 의견을 잘 개진하고, 상대방 의견을 경청하고, 함께 조율하는 능력이 될 것이다.

가족 독서모임을 하면 자연스레 토론의 장이 마련된다. 신기하게 책을 읽고 질문하고 답하면서 이야기가 다른 곳으로 확산하기도 하고, 전혀 다른 방향으로 흘러가기도 한다.

그러면서 또 생각을 나누니 어느새 생각이 훌쩍 자란다.

『미스 럼피우스』를 읽고 나눈 대화들

그림책 『미스 럼피우스』로 독서모임을 할 때였다. 나는 시작부터 잔뜩 기대했다. 그림책을 사랑하고, 그림책과 삶의 이야기를 담아 책도 여러 권 낸 김건숙 작가의 추천 책이었기 때문이다. 우연히 참여한 북 토크에서 이 책이 삶의 의미를 깨닫게 해 줬다는 김건숙 작가의 말을 듣고는 바로 사서 읽었다. 그리고 가족 독서모임의 공통 도서로 선정했다. 대략적인 줄거리는 다음과 같다.

미스 럼피우스는 어렸을 적, 할아버지에게 세상 이야기를 들으며 자랐다. 그러던 어느 날 할아버지는 미스 럼피우스에게 세상을 아름답게 만드는 일을 해야 한다고 말했다. 미스 럼피우스는 어른이 되어서 할아버지에게 들었던 일들을 직접 하기로 마음먹었다. 열대의 섬으로 여행을 가거나, 산봉우리를 오르고, 정글과 사막을 횡단하는 등 세계를 두루두루 돌아다녔다. 그러던 어느 날 미스 럼피우스는 바닷가에 집을 장만하고 살기 시작한다. 시간이 흘러 미스 럼피우스는 근사한 생각을 떠올린다. 바로 마을에 루핀꽃을 심는 것이었다. 처음에는 한두 곳 피었다가 시간이 지나면서 마을 전체가 화려한 꽃밭이 되었다. 그녀는 할아버지가 말씀하신 일을 한 후, 조카 앨리스에게 이런 말을 전한다. "이 세상을 좀 더 아름답게 만드는 일이지."

함께 소리 내어 책을 읽고, 돌아가면서 질문을 하던 중 아내 차례가 되었다.

엄마) 세상을 좀 더 아름답게 만드는 일은 무엇일까?
아들) 음…. 불필요한 싸움을 막고, 서로 배려하는 일이라 생각해. 최근에 수행 평가 때문에 우리 조가 채팅방에서 모였는데, 별 것 아닌 일 가지고 의견이 다르다며 얼마나 싸우던지. 이해를 못 하겠어.
딸) 얼마 전 학교 선생님이 그랬는데, 우리가 안 좋은 물건들을 사용해서 지구가 심각하게 오염되고 있대. 그래서 안 좋은 물건을 쓰지 않는 것이 세상을 아름답게 만드는 일 같아.
아빠) 무언가를 변화시키는 커다란 일이 아니라, 미스 럼피우스처럼 주변에 꽃을 심어 아름답게 만드는 일이 아닐까 싶어.

내 답을 들은 아내가 고개를 갸우뚱거리며 말을 이어 갔다.

엄마) 사실 나는 미스 럼피우스가 꽃씨를 심은 것이 세상을 아름답게 만든 일이라는 데 동의할 수 없어. 본인 사유지도 아니고 공동으로 쓰는 공간에 허락도 받지 않고 하는 것은 민폐 아닐까?

아빠) 그런가? 다른 사람들은 어떻게 생각해?

딸) 그래도 그림책을 보면 동네가 예뻐져서 사람들이 좋아하고, 다른 동네에서 구경 오기도 하니까 나는 좋은 일 같아.

엄마) 비록 개인의 자유도 중요하지만 넓게는 법을 지켜야 하지 않을까? 우리가 사는 아파트만 해도 약속한 규칙이 있으니, 혹여나 그것이 침해될 수 있다면 사전에 동의는 필수지.

아빠) 그렇지만 사람마다 취향이 다르잖아. 모두를 만족시킬 수는 없지. 누군가는 조금 불편하더라도 법과 규칙의 테두리 안에서 하는 행동이라면 개인의 자유는 보장되어야 한다고 생각해.

아들) 그건 이기주의가 아닐까? 나랑 짝이었던 친구가 있었는데, 쉬는 시간마다 음악을 크게 틀어 놓는 거야. 더구나 내가 싫어하는 힙합이었어. 몇 번은 참았는데 너무 짜증이 나서 말했더니 그제야 틀지 않는 것 있지. 본인이 좋다고 다른 사람에게까지 폐를 끼치는 것은 정말 화가 나. 지금도 생각하니 열받네.

의견이 자유롭게 오가니 내심 기분이 좋았다. 그림책으로 시작한 이야기가 살아가면서 중요한 개인의 자유와 공동체의 의미로 자연스레 확장됐기 때문이다. 옳고 그름을 떠나 생각을 나누며 토론하는 시간은 사고의 문을 활짝 열어 준다. 나는 아이들이 무조건 부모 지시에 순응하기보다는 적절하게 표현을 잘하며 살아가기를 바란다. 가족 독서모임은 그 밑거름이 되어 줄 것이다.

이제 누군가 가족 독서모임의 장점이 무엇이냐고 묻는다면 자신 있게 토론이라고 말할 수 있다. 식구들과 생각을 나누고 다른 의견을 듣는 과정에서 '토론의 기술'을 자연스레 체득하게 된다. 오고 가는 대화와 토론 속에 저마다의 사고도 깊어진다.

가족 독서모임 토론법

1. 질문이 가장 중요

책 이야기를 할 때는 질문이 중요하다. 함께 나눈 책에서 궁금한 점을 묻고 답한다. 책에 관한 질문이 우선이나, 파생된 다른 주제도 상관없다. 한 가지 질문이 나오면 구성원 모두가 돌아가면서 답해야 한다. 정답이 없으므로 내 의견과 일치하지 않는 상황을 반드시 마주한다. 그때 그 부분에 대해 자연스럽게 이야기를 꺼내면 토론 분위기가 형성된다. 다만 제한 없이 자유롭게 이야기를 나누되, 상대방에 대한 비난으로 이어지지 않도록 주의해야 한다.

예시)
- 책 표지를 보고 떠오르는 것은 무엇인가요?
- 이 책에 관해 궁금하거나 묻고 싶은 것은 무엇인가요?
- 가장 인상적이었던 장면은 어디였고, 그 이유는 무엇인가요?

2. 직접 화두를 던지기

자연스럽게 토론 주제가 나오지 않더라도 이야깃거리로 좋다고 판단된다면 직접 화두를 던지는 것도 하나의 방법이다. 모임이 진행되고 이야기를 나누다 보면 그런 순간이 반드시 찾아온다. 책과 직접적인 연관이 없다고 주저하지 말고, 적극적으로 끄집어내서 함께 나누면 가족 독서모임의 또 다른 묘미를 느끼게 될 것이다.

예시)

- OOO의 생각은 이렇군요. 다른 사람은 어떻게 생각해요?
- OOO은 의견이 다른 것 같은데, 좀 더 구체적으로 이유를 말해 줄래요?
- 이 내용은 우리가 좀 더 이야기를 나누면 좋을 것 같아요. 내가 먼저 시작할게요.
- 책의 결말은 이렇게 끝났는데, 다른 결말을 낸다면 어떤 것이 있을까요?

독서모임이 빛나는 순간

함께 퍼즐을 맞춰 가는 기분

5년 전쯤이었다. 회사에서 단체로 뮤지컬 「보디가드」를 관람했다. 어릴 때 극장에서 영화로 봤었는데, 노래 〈I Will Always Love You〉에 맞춰 보디가드인 케빈 코스트너가 여주인공 휘트니 휴스턴을 안고 무대를 벗어나는 장면은 두고두고 가슴을 뛰게 했다.

뮤지컬 주인공은 배우 박성웅과 정선아였다. 원작에 충실했고, 배우들의 열연과 역동적인 춤, 아름다운 음악이 한데 어우러진 멋진 공연이었다. 마지막에 앙코르 공연이 펼쳐졌는데, 정선아 배우가 천장을 뚫을 듯 고음을 내지르는 순간 말로 형용할 수 없는 짜릿함을 느꼈다. 그전까지 느껴 보지 못한 새로운 기분이었다. 나중에 찾아보니 감동 호르몬이라고 불리는 '다이돌핀' 때문이었다. 우리에게 익숙한 엔도르핀보다 훨씬 큰 행복감을 주는 호르몬으로 그 멋진 순간이 나에게 선사한 선물이었다.

안타깝게도 그 뒤로는 공연을 보면서 그때와 같은 기분을 느끼지 못했다. 하지만 다른 곳에서 비슷한 경험을 하였으니 바로 독서모임이었다. 같은 책을 읽고, 각자의 방법으로 소화한 채 모임에서 이야기를 나누다 보면 미처 생각하지 못한 점을 알게 된다. 특히 혼자서는 도저히 이해하기 어려운 책을 만나서 끙끙대다가, 모임에서 다른 회원의 이야기를 통해 길을 찾을 때 엄청난 쾌감을 느꼈다.

지금도 기억이 생생한 순간이 있다. 의식의 흐름에 따라 글을 쓰는 마르그리트 뒤라스의 『모데라토 칸타빌레』라는 소설로 독서모임을 할 때였다. 혼자서 책을 읽는데 무슨 내용인지 도저히 이해할 수 없었다. 중간에 포기하고 모임에 참여하지 말까 하는 생각마저 들었다. 하지만 '이 작품이 나에게만 어려운 것이 아니겠지' 하고 짐작하며 용기를 내 끝까지 읽었다.

모임 당일, 한자리에 모인 회원들의 얼굴을 보니 어두운 기색이었다. 나와 같은 마음인 듯했다. 우리는 처음부터 천천히 미로 같은 소설 속으로 발을 내디뎠고, 각자가 이해한 내용을 나누며 퍼즐을 맞춰 갔다.

여주인공이 우연히 술집에서 쇼뱅이란 남자를 만나 갑자기 벌어진 살인 사건에 관해 나누는 이야기가 소설의 주된 내용인데, 두 사람이 서로에게 어떤 마음인지 모호했다. 더구나 여주인공은 그로 인해 누르고 있던 욕망의 불꽃을 피우게 되는데…. 작가의 모호한 문체 때문에 혼란스럽기만 했다.

우리는 모임에서 저마다 이해한 내용을 꺼내고, 그중에서 부족한 점은 채워 갔다. 다른 회원들의 의견을 들으니 난해하던 소설의 내용이 훨씬 편하게 다가왔다. 종극엔 우리만의 결론을 내릴 수 있었다. 그때였다. 예전 공연에서 느낀 짜릿함이 다시 찾아왔다. 복잡한 미로에 갇혀 내내 헤매다가 눈앞에서 출구를 발견했다고나 할까. 그뿐만 아니라 독서모임 회원들과 하나의 줄로 이어진 듯 강력한 유대감도 갖게 되었다. 독서모임의 참맛을 깨닫는 순간이었다.

줄거리 설명에 공을 들이면 벌어지는 일

 가족 독서모임을 하면서도 짜릿함을 종종 마주한다. 독서모임을 시작하면 일종의 준비 운동처럼 몸을 푸는 시간이 필요하다. 특히 아이들과 함께하다 보니 초반에는 집중하지 못하고 산만하다. 분명 책을 설명하고 있는데, 초점 없는 눈빛은 다른 세상에 있음을 방증한다. 타오르는 속을 진정시키며 독서모임 세상으로 데려오려 애를 쓴다.

 그럴 때 내가 쓰는 필살기는 줄거리 설명이다. 가장 재밌는 부분만 쏙쏙 뽑아 목소리의 강약을 적절히 섞어 풀어낸다. 그러면 어느새 아이들은 내 코앞에 와 있다. 어두운 밤하늘의 별처럼 반짝이는 아이들의 눈빛과 고요한 적막은 나를 더욱 신나게 만든다. 이제는 몸짓까지 섞어 장면을 표현하기도 한다. 궁금함을 참지 못한 아이들은 재촉하지만, 나는 천천히 뜸을 들이며 연주의 끝을 향해 건반을 두드린다. 설명이 끝나면 아이들은 궁금한 점을 쏟아내고, 나는 만족스러운 표정을 지으며 질문에 답한다. 이쯤이면 몸풀기는 어느 정도 된 셈이다. 이제 책 속으로 본격적인 여행을 떠난다.

  독서모임을 하다 보면 감동 호르몬뿐만 아니라 흥분 호르몬을 쏟아 내는 시기도 찾아온다. 책을 통해 다양한 생각을 나눌 때가 그렇다. 김완 작가의 『죽은 자의 집 청소』를 가족들에게 소개한 날이었다. 고독사라는 조금은 무거운 주제를 다룬 책이었다. 하지만 작가의 섬세한 필력과 따뜻한 시선이 독특한 소재와 잘 버무려져 한번 읽으면 손을 뗄 수 없을 만큼 집중하게 했다. 가족들에게도 평소 말하기 힘든 주제를 나눌 좋은 기회였다. 줄거리 설명에서부터 온 힘을 다해 마음을 사로잡기 위해 노력했다.

  "이 책은 두 가지 챕터로 구성되어 있어. 첫 번째 챕터는 작가가 직접 죽은 사람의 집을 청소하며 겪은 일화를 담고 있어(이때 둘째가 작가의 직업에 관해서 물었다). '특수 청소부'라고 말 그대로 죽은 사람의 집을 청소하고 유품을 정리하는 특별한 직업이야. 그럼 이어서 계속할게. 혹시 고독사라고 들어 봤니? 고독사는 죽는 순간 아무도 곁에 없이 쓸쓸하게 생을 마감한 것을 뜻하는 말이야. 작가는 외롭게 죽은 사람들의 집을 청소하면서 마지막 순간에 어떤 마음이었을지 생각해 보고, 유품을 정리하며 그 안에 담긴 사연을 만나고 몹시 마음 아파해. 비록 고독한 죽음이지만 이 사람들 역시 한때는 누군가의 아빠, 엄마, 아들, 딸이었어.

두 번째 챕터는 청소하면서 만난 다양한 이야기를 소개하고 있어. 죽으려는 사람의 전화를 받고 계속 설득해서 결국 경찰을 통해 목숨을 구한 이야기, 어떤 사람이 전화로 다짜고짜 청소 가격을 묻길래 당황했는데 나중에 알고 보니 진짜 스스로 목숨을 끊은 슬픈 이야기 등 마치 영화 같은 사연을 겪으며 작가도 죽음이란 무엇인가를 고민하게 돼. 그리고 마지막에는 어릴 때 길에서 죽음을 맞이한 아버지를 통해 내내 죽음의 공포를 떠안고 살아온 작가의 고백과 더불어 죽은 자의 집을 청소하며 자기 상처를 조금씩 치유해 가는 과정을 그리고 있어. 아빠 또한 이 책을 읽으며 죽음에 대해 진지하게 생각해 보는 좋은 계기가 되었네."

『죽은 자의 집 청소』를 읽고 나눈 대화들

책에 관한 질문을 나눌 때가 백미였다. 이날 나눈 질문은 "나라면 죽은 자의 집을 정리하는 특수 청소를 할 수 있을까?"였다. 그리곤 본격적으로 고독사에 관한 심도 있는 이야기가 오갔다.

딸) 만약에 아빠에게 이 일을 하라고 한다면 할 수 있을까? 그리고 죽은 자의 집을 청소한다는 것은 어떤 의미일까?

아빠) 솔직히 못 할 것 같아. 일도 일이지만 감정 소모가 무척 클 것 같아. 그런데 만약 다른 선택이 없다면 가족들을 위해서 용기를 내야겠지. 의미는 책 안에서도 비슷한 내용이 나오는데, 죽은 사람이 남기고 간 흔적을 지우고 정리하며 새로운 삶의 터전을 만드는 일이야. 더불어 떠난 사람을 마음속으로 애도하는 일도 포함되지.

엄마) 나는 절대 못 해. 생각만 해도 너무 무서워. 작가에게는 스스로 치유하는 의미가 있는 일인 것 같아.

아들) 호기심은 드는데, 할 수는 없을 것 같아. 그리고 의미는 아직 잘 모르겠어.

엄마) 작가가 죽음에 끌리는 이유가 있는 것 같거든. 그로 인해 얻은 것은 무엇일까?

아빠) 갑작스러운 아빠의 죽음으로 마음 정리를 미처 못 한 것 같아. 그래서 죽은 자의 집을 청소하며 하나씩 마음을 정리하는 것이 아닐까. 그냥 그런 생각이 들었는데, 작가에게는 단순히 직업을 넘어 의미가 있는 일인 것 같아.

딸) 아빠가 설명해 준 줄거리를 듣고 생각했는데, 이 사람은 이 일을 분명 좋아해. 그래서 계속할 수 있는 것 아닐까? 그리고 직업이니 돈도 벌고, 가족들이 원하는 것도 사 줄 수 있지.

아들) 나는 솔직히 왜 끌리는지 이해하기 힘들지만 계속한다는 것은 무언가 보람을 느꼈기 때문이겠지. 그럼 고독사나 자살에 대해서는 어떻게 생각해?

딸) 자살은 절대 안 된다고 생각해. 성경에서 읽었는데 그건 죄악이래. 나중에 큰 벌을 받게 될 거야.

엄마) 물론 나도 그 말에는 동의하지만, 책을 읽으며 그럴 수밖에 없는 상황도 이해가 되었어. 그래서 앞으로는 이런 일이 일어나지 않도록 사회 모두의 노력이 꼭 필요하다고 생각해.

아빠) 무척 슬픈 죽음이야. 특히 젊은 청년이 고독사한다는 사실에 놀랐고 마음이 너무 아팠어. 솔직히 청년들이 살아가기에 취업도 힘들고, 결혼도 어렵고, 더구나 집을 사기도 힘든 상황이라 나라도 좌절할 것 같아. 우리 사회가 어려운 청년들에게 좀 더 관심을 가지고 도울 방법을 찾아야 한다고 생각해. 이런 일은 정말 일어나지 않았으면 좋겠어.

나와 아내의 이야기를 들은 딸은 그렇게 청년들이 살아가기 어려운 상황이냐고 재차 물으며 슬픈 표정을 지었다. 더불어 사회의 노력이 필요하다는 점에 공감했다.

이와 함께 우리는 혼자 삶을 마무리하는 행위에 대해 허심탄회하게 각자 의견을 나눴다. 물론 아이가 이해하기에 쉽지 않은 주제였지만, 꼭 알아야 하는 문제라 생각했다. 자칫 어른의 생각을 강요할 수 있기에 조심하면서도 최대한 사실을 전달했다.

아이는 여전히 자살이라는 행위 자체에는 반대의 관점이었지만, 그들의 슬픔에는 공감하기 시작했다. 나에게도 어떻게 하면 해결할 수 있을지 물어보며 사고 자체를 확장했다. 물론 아이가 모든 상황을 받아들이고 이해하기는 아직 어려울 것이다. 하지만 독서모임에서 의견을 나누면서 평소 생각해 보지 못한 면을 바라보는 것은 무척 중요한 일이다.

이렇게 모임을 할 때면 뮤지컬을 보며 경험했던 짜릿한 전율을 느낀다. 서로를 존중하면서 자기주장도 피력해 보고, 미처 생각해 보지 못한 점을 나눌 때가 바로 독서모임이 가장 빛나는 순간이다. 이런 즐거움이 독서모임을 계속 이어 가게 만드는 원동력이다. 아이가 커 갈수록 나눌 수 있는 주제가 무궁무진해질 테니 더욱 기대가 된다. 분명 독서모임을 통해 나누는 이야기가 밑거름이 되어 앞으로 아이의 삶에 커다란 등불을 비춰 줄 것이다.

식구들과 그림책을 읽는 법

그림책 독서모임을 시작한 이유

2022년 3월, 이수지 작가가 '아동 문학의 노벨상'이라는 안데르센상을 한국인 최초로 수상했다. 기사를 보고 나도 모르게 와 하는 탄성이 절로 나왔다. 안데르센상은 1956년에 제정되어 격년제로 수상하는 상이다. 이로써 한국은 28번째로 수상자를 배출한 나라가 되었다. 그림책 역사가 다른 나라에 비해 짧은 데도 불구하고 대단한 쾌거였다.

안데르센상 수상자 명단을 보니 그림책의 역사를 만들어 온 거인들의 이름이 가득했다. 『찰리와 초콜릿 공장』의 그림 작가 퀸틴 블레이크, 『돼지책』과 '윌리' 시리즈의 앤서니 브라운, 소설가 에리히 캐스트너와 '삐삐 롱스타킹'의 창조자 아스트리드 린드그렌 등이 이 상을 받았다. 33국 위원회가 자국에서 연구하고 평가한 62명의 후보를 추천해 다국적 심사위원 10명의 엄격한 심사를 거친다니 말 그대로 그림책 '국가 대항전'이다.

이수지 작가는 글이 없는 그림책으로 유명하다. 김지은 평론가는 "이수지 작가는 그림책의 역사에서 '글 없는 그림책'이라는 분야를 재조명하고, 그 아름다움과 가능성을 새로 발견해 재등장시켰다."라며 "책의 가능성이 후퇴한다고 말하는 시대, 책이 얼마나 미래의 매체일 수 있는지 보여 주고 그 가능성을 넓힌 사람"이라고 했다.(출처: '글자 하나 없는 그림책'… 세계 어린이책 새역사 썼다, 조선일보 2022년 3월 23일자 기사)

가족 독서모임을 하지 않았더라면 이 소식은 지나가는 바람에 흘려보냈을 것이다. 이전까지 그림책은 그저 그림이 있는 동화책의 한 종류로만 생각했다. 독서모임에서 그림책을 활용할 생각도 하지 못했다. 그런데 가족 독서모임을 하려니 책 선정에 고민이 많아졌다. 가족 독서모임을 시작할 때 둘째가 이제 막 초등학교에 입학한 시기였다. 아이가 한글을 완전히 깨치지 못한 상황이라 글밥이 가득한 책은 무리였다.

고민이 깊어지던 차에 오랜 블로그 이웃 중 자녀와 그림책을 읽고 이야기 나누는 분이 떠올랐다. 그 과정을 블로그에 꾸준히 기록 중인데, 그곳에서 그림책의 세계를 알게 되었다. 포스팅을 유심히 살펴보며 책 정보와 모임에 관한 팁을 얻었다. 원래는 소개된 책을 따라 해 보려 했는데, 집에도 그림책이 많이 있었고 둘째가 책을 직접 고르고 싶다고 해서 그렇게 하기로 했다.

처음에는 첫째인 아들의 반응이 썩 좋지 않았다. 아이나 보는 책이라며 거부감을 표현했다. 개별 도서로만 하면 안 되느냐며 떼를 쓰기도 했다. 어르고 달래서 겨우 시작할 수 있었다. 하지만 몇 번 그림책으로 모임을 하니 아들도 긍정적으로 변했다. 아마도 그림책에 담긴 우주처럼 깊은 이야기에 빠졌음이 분명했다. 물론 책을 미리 읽어 오지 않아도 된다는 점도 한몫 단단히 했다.

차곡차곡 쌓이는 그림책의 추억

그렇게 시작해서 지금까지 그림책으로 독서모임을 진행한 횟수가 15번이나 된다. 처음으로 식구들과 함께 읽은 그림책은 프란치스카 비어만의 『책 먹는 여우』다. 책 내용이 의미 있었다. 책 먹기를 좋아하는 여우는 집안 살림을 다 팔고도 부족한 나머지, 근처 서점에서 책을 훔치다 걸려서 감옥에 가게 된다. 그런데 그곳에서 교도관을 설득해 펜과 종이를 얻어 글을 썼고, 그 책은 베스트셀러가 된다. 여우의 글에 반한 교도관은 일을 그만두고 출판사를 차린다. 여우가 낸 책으로 함께 큰 부자가 된다는 이야기였다.

우리는 여우가 책을 먹는다는 것의 의미, 책을 열심히 읽으면 무엇에 도움이 될까 등 풍성한 이야기를 나눴다. 독서모임의 시작으로 더없이 좋았고, 앞으로도 계속 이렇게 하면 되겠다는 가능성을 발견했다. 그림책은 짧은 글과 그림으로도 마음을 움직이는 마법 같은 힘이 있음을 깨달았다.

여행 중에 처음 가족 독서모임을 했을 때 다룬 앤서니 브라운의 『돼지책』도 인상적이었다. 가족들이 각자 생활에 바빠서 집안일을 하나도 도와주지 않자, 엄마는 어느 날 "너희들은 돼지야."란 쪽지만 남기고 사라진다. 그때부터 아빠와 아이들이 집안일을 해야 하는데, 제대로 하지 못해 집은 엉망이 되어 갔다. 그러자 아빠와 아이들은 그간 엄마가 얼마나 고생했는지를 깨닫게 되었고, 나중에 돌아온 엄마와 함께 집을 정리하는 장면으로 끝이 났다.

책을 함께 읽고 순간 분위기가 숙연해졌다. 아내는 책에 감정을 많이 이입했고, 서운했던 점을 이야기했다. 그간 당연시 여겼던 점에 대해 다시 생각하는 계기가 되었다. 자연스레 각자 해야 할 집안일을 정했고 꾸준히 해 나가기로 약속했다. 나는 청소와 분리수거를, 아이들은 각자 방 청소와 식사 후 그릇 치우는 일을 맡아서 하기로 했다. 그리고 지금까지도 열심히 지켜 나가려고 노력하고 있다. 물론 가끔 어길 때도 있지만 말이다.

8년간의 처가살이를 마치고 이사 갔을 때 만났던 권윤덕의 『만희네 집』도 생각난다. 딸은 한참 동안 책꽂이 앞에서 고민하더니, 우리의 이사를 기념하고 싶어서 이 책을 골랐다고 했다. 만희네는 좁은 집에 살다가 방이 여러 개인 할머니 댁으로 이사했다. 안방에는 옛날 물건이 가득했고 광에는 과일, 쌀 등 온갖 물건이 잔뜩 있었다. 앞뜰 화단에는 접시꽃, 도라지, 해바라기 등이 예쁘게 피었다. 만희 방은 2층에 있었고, 모든 것이 새로운 집에서 하나둘 추억을 쌓아 갔다.

워낙 그림체가 예뻐서 각자 인상적인 장면을 뽑아 봤고, 집에 있는 생소한 소품을 보면서 어떤 시대일지도 추측해 봤다. 그리고 우리가 전에 살았던 집과 현재의 집이 어떤지도 이야기 나눴다. 딸은 무엇보다도 자기 방이 생긴 것에 무척 기뻐했으나, 할머니와 할아버지 얼굴을 자주 볼 수 없어서 아쉬워했다. 아들도 더는 삼촌과 게임을 할 수 없어서 슬퍼했지만, 학교나 학원이 가까워졌다며 좋아했다.

책 덕분에 잠시 추억 여행을 떠날 수 있었다. 긴 시간 동안 많은 추억을 만들었고, 이제는 새로운 집에서 만희네처럼 우리만의 추억을 쌓아 가고 있다. 집이란 단순히 거주하는 공간을 넘어 식구들의 삶이 담긴 곳이었다.

그림책은 읽을 때마다 새롭고, 다른 이야기를 나눌 수

있는 매력이 있다. 또한 그림책은 내용이 짧아 미리 책을 읽어 오지 않아도 즉석에서 읽고 나눌 수 있을 뿐만 아니라 질문거리 역시 무궁무진해 모임을 풍성하게 한다. 그래서 독서모임을 그림책으로 시작하는 것도 추천한다.

어느 순간 아이들이 커 가면서 그림책보다는 청소년 문학 소설을 주로 읽고 나누게 되었다. 둘째도 이제는 글밥 많은 글도 척척 읽고 나눌 수 있으니 어찌 보면 자연스러운 과정이리라. 하지만 여전히 그림책에 목마르다. 이제는 좀 더 심오한 그림책의 세계로 한 발을 내디뎌 보려 한다. 나와 가족 모두에게 성장하는 계기가 되리라 믿는다.

터울이 있는 자녀와 그림책 독서모임 하는 법

1. 그림책이 아이만 읽는 책이 아니라는 점을 충분히 설명하기

터울이 커서 이미 첫째가 초등학교 고학년 이상이라면 그림책 독서모임에 부정적일 가능성이 많다. 그러므로 사전에 그림책은 어른도 읽는 책이라는 점을 충분히 설명하고, 아직 한글 읽기가 익숙하지 않은 저학년 동생을 배려하는 마음을 갖도록 부탁한다.

2. 적절한 수준의 그림책 고르기

요즘 그림책은 영유아부터 어른까지 읽을 수 있을 만큼 수준이 다양하다. 첫째가 자칫 유치하다고 느끼지 않도록 적당히 글밥이 있는 그림책을 고르는 것이 중요하다.

3. 그림책 이야기의 확장

그림책 안에만 머물지 말고, 현실과 연관 지어 이야깃거리를 풀어 가도 좋다. 예를 들어 주제가 '폭력'인 그림책이라면 학교생활을 하며 목격하거나 경험했던 폭력을 공유하면서 이야기를 확장해 간다. 나이 차이와 상관없이 모두가 공감할 수 있는 주제를 끄집어내면 대성공이다.

4. 느낌이나 소감을 묻기
그림책으로 진행하는 중간에도 어떤 마음이 들었는지 수시로 묻고, 모임을 마치면 반드시 어떻게 느꼈는지 소감을 물음으로써 앞으로 나아갈 방향에 관한 팁을 얻는다.

그림책 『여름이 온다』 독서모임

둘이서라도 괜찮아

이수지 작가의 안데르센상 수상 소식을 듣고 최근에 출간한 그림책은 꼭 소장해야겠다고 생각했다. 기존에도 작가의 다양한 작품이 있다는 사실은 알고 있었지만, 그림책의 노벨상으로 불리는 안데르센상을 국내 최초로 수상했다는 점에 몹시 흥미가 일었다.

이수지 작가의 그림책은 글이 전혀 없다고 하니 독서모임에서 다루면 어떤 반응이 나올지 궁금했다. 다음번 공통도서로 정했다고 미리 가족들에게도 알렸다.

주말을 손꼽아 기다렸다, 근처 서점으로 향했다. 검색

대에서 찾은 위치에 갔더니 『여름이 온다』가 매대 최상단에 위용을 드러냈다. 보통 책보다 1.5배 정도 컸고, 하얀 바탕에 파란색 물방울이 넓게 퍼져 나가는 모습이 여름을 떠오르게 했다. 한 손에 다 잡히지도 않을 만큼 커다란 책을 양손으로 들고 차오르는 흥분을 주체하지 못했다.

책을 사 와서는 열어 보지도 않고 책장에 고이 놓아두었다. 가족 독서모임에서 함께 보고 싶었기 때문이다. 가족들에게 카톡으로 독서모임 소식을 알리고 그날만을 애타게 기다렸다. 드디어 일요일 오후, 예정된 시간이 돌아왔다. 그런데 변수가 생겼다. 첫째가 다음 주 중간고사 때문에 부담된다며 이번만 빠지겠다고 양해를 구했다. 세 식구만 진행하려고 했더니 아내마저도 몸이 좋지 못했다.

미뤄야 하나 고민이 들었다. 슬쩍 둘째 얼굴을 쳐다보니 호기심이 가득했다. 책을 만지작거리며 눈을 떼지 못했다. 둘이서 독서모임을 하면 어떠냐고 물었더니 활짝 웃으며 좋다고 했다. 다음에 하겠다고 했으면 큰일 날 뻔했다. 우리 딸이 이렇게 좋아하는데 둘이서면 어떠랴.

『여름이 온다』를 읽고 나눈 대화들

아직 아무도 가지 않은 미지의 세계에 첫발을 내딛는 마음으로 첫 장의 문을 열었다. 본격적인 이야기에 들어가기 전, 왼편에 그림책을 보며 함께 들어야 할 음악을 안내하는 QR 코드가 있었다. 바로 비발디의 〈사계 '여름'〉이었다. 스마트폰 카메라 모드를 켜고 대었더니 유튜브 음악이 나왔다. 재생 버튼을 누르고 볼륨을 높였다.

목차를 살펴보니 〈여름 1악장 - 너무 빠르지 않게〉, 〈여름 2악장 - 느리게, 빠르게〉, 〈여름 3악장 - 빠르게〉 등 총 3가지 챕터로 구성되어 있었다. 먼저 첫 번째 장을 열었다. 글이 하나도 없이 그림만 있었다. 얼핏 봐서는 무엇을 나타내는지 알 수 없었다. 마치 숨은그림찾기처럼 둘이서 무슨 의미일지 추측하며 열심히 말을 주고받았다.

"이건 뭘까?"

"음…. 동그랗고 터지는 것을 보니 물풍선 같아."

"그러고 보니 그렇네. 물풍선 사이로 여러 사람이 겹쳐 보이는데 누굴까?"

"내 생각엔 동네 친구들 같아. 물풍선을 던지며 물놀이를 하고 있어."

"오, 정말. 우리 딸 관찰력 최고다."

처음엔 크레용으로 표현한 강렬한 그림체와 색감에 압도되어 어떤 상황인지 눈에 잘 들어오지 않았지만, 함께 이야기하면서 답을 찾아 나갔다. 그 재미가 쏠쏠했다. 우리는 장마다 무엇인지, 누구인지, 어떤 상황인지 이야기 나누며 점점 흥미를 붙여 갔다. 친구들 또는 가족들이 신나게 물놀이하는 여름 1악장이 끝나고 2악장으로 넘어갔다.

오선지 악보 위에 점과 선으로 물놀이하는 아이들의 모습이 그려져 있었다. 음악을 들으며 그림책을 보고 있자니 비단 눈뿐 아니라 귀까지 활용하는 새로운 형식이 무척 신선했다. 음악이 느리면 천천히 진행되다가, 음악이 빨라지면 그림도 덩달아 율동이 커지는 듯 느껴져 생동감이 있었다. 둘째와 나는 연신 감탄사를 내뱉으며 그림책에 온통 빨려 들었다. 마지막 파란빛이 무지개가 되는 장면에서는 한참을 머물렀다.

이제 마지막 여름 3악장이었다. 연필로 아무렇게나 흘

려 쓴 듯한 거친 질감으로 시작해서 아크릴 물감으로 장면을 표현했다. '빠르게'란 단어처럼 폭풍우가 치는 상황이 빠른 음악 비트와 어우러져 심장마저 쿵쾅거렸다.

"아빠, 사람들이 폭풍우에 한 명씩 빨려 들어가. 어떡해?"

"그러게, 큰일 났다. 이대로 사라지는 걸까?"

"아빠, 빨리 넘겨 봐. 걱정돼서 못 참겠어."

"알았어. 아빠도 궁금하네."

마치 눈앞에서 벌어지는 상황처럼 느껴져 몰입되었다. 둘째와 아무 일이 없기를 바라며 한 장, 한 장 넘겼다. 그리고 마지막에 가서야 긴장이 풀리며 몸에 힘이 다 빠졌다. 책을 읽으며 이렇게 몰입한 적이 있나 싶었다. 더구나 글이 하나도 없는 그림책을 보면서 한없이 빠져드는 내가 신기했다. 그 감흥을 잃어버릴까 봐 질문을 나눴다.

"아빠, 내가 먼저 질문할게. 가장 인상적인 장면은 뭐였어?"

나는 여름 3악장에서 악기를 연주하는 오케스트라를 꼽았다.

"이 장면으로 여태까지 궁금했던 점이 모두 풀려서 골

랐어. 우리가 봤던 모든 장면이 오케스트라 연주 속에 함께 어우러진다는 작가의 상상력이 놀라웠어."

딸은 여름 1악장에서 물 폭탄이 터지며 물방울이 여러 사람에게 퍼지는 장면을 골랐다.

"처음 이 그림을 봤을 땐 어떤 상황인지 몰랐는데, 아빠랑 이야기하니 이해돼서 좋았어. 그리고 사람들이 다양한 색으로 표현되어 예쁘기도 하면서 실감 났어."

"그럼 이번엔 아빠가 질문할게. 이 그림책이 우리에게 주는 의미는 뭘까?"

"나는 하나 떠올랐어. 뭐냐면 우리가 그림책을 볼 때 눈으로만 보는 것이 아니라는 거야. 음악도 함께 들으니 무척 실감 났어. 그림책은 눈으로도 보고 귀로도 듣는 거다. 하나 배웠어."

"아빠도 그랬어. 글이 하나도 없는데도 상황이 하나하나 이해되고, 음악이 함께 있으니 더욱 생생했어. 작가는 우리가 책에 관해 가진 선입견을 모두 깨 버렸고, 이렇게 다른 감각도 활용할 수 있다는 점을 알려 주고 싶었던 것 같아."

질문을 마치고 각자 소감을 나눴다.

"처음엔 그림책이라 재미없을 것 같았는데, 정말 신기하고 재밌었어. 여름을 이렇게 여러 가지로 표현할 수 있다는 걸 배웠어. 꿈에도 그림책이 나올 것 같아. 아빠랑 하면서 엄마와 오빠도 함께했으면 하는 아쉬움이 들었어. 작가의 다른 책으로 가족 독서모임을 다시 했으면 좋겠어."

"안데르센상 수상작이라 궁금하고 기대도 많이 했는데 그 이상이었어. 그림만으로도 이렇게 멋지게 표현한 작가의 상상력이 부러웠어. 그림도 강렬하고 음악과 함께여서 더욱 생생하게 다가왔어. 그림책이 이런 영역까지 갈 수 있다는 점에서 의미가 크다고 생각해."

독서모임을 마치고 둘째와 함께 이수지 작가의 다른 그림책도 살펴봤다. 그중에 마음에 드는 작품을 찾았다. 둘이서 서로를 바라보며 은은한 미소를 지었다. 말은 하지 않았지만 둘째의 바람처럼 다음번에 이 책으로 가족 독서모임을 해야겠다는 약속이었다.

기대했던 그림책을 만나고, 그 책으로 가족 독서모임을 멋지게 할 수 있어서 고마웠다. 그림책은 정말 끝을 알 수 없는 거대한 우주 같다. 잠시나마 둘째와 우주선을 타고 그 멋진 광경을 바라볼 수 있었다.

주제가 있는 독서모임

페미니즘 소설, 괜찮을까?

 부모라면 아이가 좋은 방향으로 가길 바라는 마음은 다 같을 것이다. 가족 독서모임을 하면서 아이들의 생각이 보이니 더욱 욕심이 생겼다. 나누고픈 주제를 정하고, 그에 맞는 책을 골라 읽고, 바른 사고를 갖도록 도움을 주고 싶었다. 그래서 첫발을 내디뎌 봤다.

 요즘 뉴스나 매체에서 남성 혐오, 여성 혐오란 단어를 심심치 않게 만날 수 있다. 무엇보다도 양성평등적 사고가 중요한 시기에 혹여나 잘못된 생각을 가질까 두려웠다. 그와 관련된 책을 찾다가 얼마 전에 지인이 추천해 준 『현남 오빠에게』가 떠올랐다. 7명의 여성 작가가 쓴 단편 소설집이었다.

처음에 페미니즘 소설이란 이야기를 들었을 때는 망설였다. 우선 내가 잘 모르는 내용을 책으로 나누려니 부담스러웠다. 아내에게 우려되는 점을 털어놓았다. 아내는 정보 전달 목적이 아니라 함께 이야기하면서 의미를 찾으면 되니 괜찮을 것 같다고 했다. 덕분에 용기를 냈다.

우선 책을 사서 나와 아내가 먼저 읽고 아들에게 건넸다. 모임에서는 모든 내용을 다루기보다 첫 번째 챕터인 '현남 오빠에게'에 관해서만 이야기를 나누기로 했다. 초등학생인 딸이 읽고 이해하기엔 다소 어려운 점이 있어서 독서모임 때 줄거리를 설명하기로 했다. 독서모임 날이 밝았고 우리는 거실 테이블에 모였다. 딸은 간식으로 과일과 과자를 접시에 담아 줬다. 배려하는 모습이 늘 기특했다. 먼저 내가 책의 줄거리를 설명했다.

『현남 오빠에게』를 읽고 나눈 대화들

"이 책은 주인공이 20살 때부터 만난 남자 친구에게 편지 형식으로 쓴 글이야. 물론 좋아서 만났는데 어느 순간 주인공의 삶은 남자 친구의 결정 안에 놓이게 돼. 모든 정보를 그에게서 얻고 일방적으로 따르는 수동적인 관계에 놓이는 거야. 가장 친한 친구도 남자 친구가 싫어하니깐 눈치 보며 만나지 않게 되지. 남자 친구는 본인 기준에 마땅찮은 교수님을 험담하며 주인공에게도 그 마음을 강요해. 졸업 후 취업할 때도 남자 친구가 정해 주는 대로 따라가게 됐지. 심지어 결혼까지 주인공의 마음을 살피지도 않고 당연히 하는 것이라고 일방적으로 정했어. 처음에는 많은 도움을 준 남자 친구를 믿고 고마운 마음을 갖지만, 점차 관계에서 '나'가 없다는 것을 깨닫고 마지막에 이별을 고하며 글이 마무리돼."

줄거리 설명을 마치고 기존 독서모임 형식과는 달리 자유롭게 이야기를 나누고 싶었다.

아빠) 우선 책을 읽은 소감부터 말해 볼까? 아빠는 솔직히 안타까웠어. 연애란 둘 사이의 동등한 사랑 관계인데 어느 한쪽이 우위에 서는 것은 바르지 않다고 생각해. 주인공이 진즉에 본인 의견을 내놓았으면 어땠을까 싶으면서도 그러면 관계가 깨질까 두려워서 쉽게 말을 못 한 것 같아.

엄마) 엄마 지인 중에 이런 연애를 한 사람이 있어. 아주 답답해서 조언을 많이 했지만, 아빠 말처럼 표현하기가 어려웠나 봐. '가스라이팅'이라는 용어를 들어 본 적이 있나 모르겠네. 다른 사람의 마음을 통제하고 조정하는 것을 뜻하는데, 책의 주인공도 엄마의 지인도 가스라이팅을 당했다고 생각해.

아들) 나는 아직 연애를 해 보지 못해서 이런 일이 가능한지 솔직히 의문이야. 하지만 아빠나 엄마 말처럼 연인이라고 자기 뜻대로 모두 하려는 것은 옳지 못한 행동임이 분명해.

딸) 나는 줄거리를 듣고 걱정이 되었어. 전에 뉴스에서 헤어진 애인에게 폭력을 행사한 사람 이야기를 본 적이 있는데, 혹시 주인공도 나중에 보복당하면 어쩌지? 그건 나쁜 거잖아.

아빠) 각자 소감을 들어 보니 결국 이런 일이 생긴 이유는 남자 친구가 본인이 더 우위에 있다는 생각을 가져서인 것 같아. 그래서 이야기를 좀 더 확장해 남녀평등에 관한 생각을 나눴으면 좋겠어. 예전만 해도 차별이 심했지. 아빠가 어렸을 때, 어머니가 남자는 부엌에 들어가는 것이 아니라며 음식 만들 때 오지 말라고 했었거든. 지금도 그 기억이 또렷해. 그만큼 대놓고 차별이 심했는데, 남녀가 평등하다는 것에 어떻게들 생각해?

아들) 그건 아빠 세대 이야기지. 요즘은 당연히 남녀가 평등하지. 학교에서도 누가 우위에 있다고 이야기한 적도 들은 적도 없어. 같은 사람으로서 똑같지.

딸) 나도 오빠처럼 남녀가 모두 똑같다고 생각해. 단 한 번도 다르다고 생각해 본 적 없어.

엄마) 그러면 혹시 남자로서, 여자로서 차별받거나 부당한 경험을 한 적이 있어?

아들) 음…. 중학교 들어와서는 딱히 없는데, 초등학교 때는 있었어. 남자애들이랑 여자애들이랑 똑같이 행동해도 남자가 잘못했을 거란 편견으로 더 혼났어. 그리고 강당에 가려고 줄을 서는데, 꼭 여자애들을 먼저 보내는 거야. 이유는 여자라서 그랬다는데 지금도 이해할 수 없어.

엄마) 그건 나도 이해가 안 가네. 그때 아주 속상하고 그랬겠다. 선생님도 명확하게 설명해 줬으면 좋았을 텐데.

딸) 나는 아직 차별받은 경험이 없어. 선생님들도 잘한 점은 똑같이 칭찬해 주고, 잘못한 점은 똑같이 혼을 냈어. 근데 오빠 같은 경험을 하면 나도 화가 났을 것 같아.

아빠) 아까 소감을 이야기할 때 잠깐 나왔는데, 요즘 연인 간에 헤어졌을 때 발생하는 보복 범죄나 남성 혐오, 여성 혐오 문제가 심각한데 혹시 관련 내용을 본 적 있어?

아들) 유튜브에서 본 적 있어. 전에 올림픽에서 금메달을 딴 안산 선수를 '페미'란 용어를 사용하며 비난하는 내용이었어. 왜 그런지 정확한 이유는 잘 모르겠지만, 솔직히 이해가 안 됐어. 짧은 머리카락도 공격 대상이었는데, 그건 본인 선호가 아닐까?

엄마) 나도 그 사건이 안타까웠어. 대한민국을 대표해서 금메달을 따고 국위 선양을 했음에도 초점이 엉뚱한 곳으로 향해서 비난받는 모습이 슬펐어. 당사자는 얼마나 마음이 좋지 않았을까. 실제 피부로 체감하지는 못해도 SNS상에서 남자와 여자로 나뉘어서 서로 공격하는데, 그 분노의 원인이 무얼까 생각해 본 적은 있어. 아마도 점점 여권이 신장되는 상황에서 남성은 기존보다 줄어든 자리에 분노하고, 또 여성은 지금까지 차별받은 울분을 토해 내면서 서로 폭발한 것이 아닌가 싶어.

물론 이건 전적으로 내 생각이야.

아빠) 나 역시도 10여 년 넘게 직장 생활을 하면서 변화를 눈으로 직접 봤어. 입사 때만 해도 손님이 오면 차는 무조건 여직원이 가져와야 했고, 직장 상사 중에 여성도 거의 없었어. 하지만 시간이 흐르면서 조금씩 변했지. 이제는 손님이 와도 직접 관리자가 차를 타고 여의치 않을 땐 근처에 여유 있는 직원이 가지고 와. 이제는 신입 사원의 비율도 여성과 남성이 차이가 거의 없고, 여성 상사도 눈에 띄게 증가했어. 그래서 아빠 생각인데, 앞으로 사회에서 중요한 점은 남성과 여성이 서로 화합해서 잘 지내는 것이 아닐까 싶네. 그러지 않으면 아무래도 도태될 수밖에 없을 것 같아. 그래서 궁금한데 너희들은 우리 집에서 남녀가 동등하게 역할을 하고 있다고 생각하니?

딸) 나는 그렇다고 생각해. 주중에는 아빠가 바쁘니깐 엄마가 집안일을 주로 하고, 주말에는 아빠가 집에 있으면서 청소도 하고 집안일도 하니깐 괜찮은 것 같아.

아들) 아빠 엄마가 서로 의견을 존중하는 모습은 좋은 것 같아. 그리고 일단 아빠가 지금은 일하는 곳의 일이 많으니 집안일을 적게 하는 것이 맞지만, 나중에 아빠가 덜 바쁜 곳으로 가면 엄마와 동등하게 해야 한다고 생각해. 그리고 주말에 청소할 때 짜증을 덜 냈으면 좋겠어.

아빠) 너도 청소 좀 잘해라.

    이날 우리의 대화는 티격태격하며 마무리되었다. 하지만 걱정과는 달리 생각보다 이야기가 물 흐르듯 자연스러웠다. 굳이 책에 관한 이야기로 한정하지 않고 아내 말처럼 관련된 다른 중요한 이야기도 나눌 수 있어서 좋았다. 무엇보다도 걱정과 달리 아이들은 올바른 생각을 갖고 있었다. 그래서 아내와 나도 안심하고 경험을 공유하게 되었다.

    늘 느끼지만 이렇게 터놓고 소통하는 과정이 독서모임의 가장 큰 묘미가 아닐까. 더불어 아이들의 성장을 눈으로 직접 확인할 수 있었다. 처음 시작할 때 한글도 제대로 읽지 못했던 둘째가 어느새 당당하게 토론에 참여하고 있다. 이런 놀라운 광경을 모임을 통해서 매번 경험한다.

    앞으로는 독서모임을 넘어 중요한 주제를 정해서 토론하고픈 욕심도 생겼다. 이번 모임을 통해서 가능성을 봤다. 다음엔 어떤 주제로 이야기 나눌까. 상상만으로도 심장이 방망이질하듯 뛴다.

가족 독서모임 대화법

아이들 앞에서 솔직해도 될까

부모와 자식 간의 대화는 통상 일방적일 수밖에 없다. 우리 집도 예외가 아니었다. '공부해라', '씻어라', '정리해라' 등 주로 잔소리가 많았다. 하지만 독서모임 안에서는 어른과 아이로 구분되지 않고, 그저 같은 모임 구성원일 뿐이었다. 바로 이런 '수평적 대화'야말로 가족 독서모임의 핵심 가치이자 가장 큰 장점이다.

독서모임을 하기로 하며 아이들과 규칙을 정할 때 가장 먼저 이야기한 것이 바로 경청이었다. 서로의 이야기에 귀를 기울이고 어떤 이야기가 나오더라도 반대하는 말을 하지 않는 것이 기본이었다. 하지만 규칙은 종종 깨지기 마련이다.

여덟 번째 가족 독서모임을 할 때였다. 그날은 공통 도서로 그림책 『까만 마음, 하얀 마음』(고정욱 글, 황성혜 그림)을 선정했다. 사람 마음속에는 진실을 이야기하는 하얀 마음과 거짓을 말하려는 까만 마음이 함께 있다는 내용이 흥미로웠다. 인간은 누구나 까만 마음과 하얀 마음을 가지고 있다. 까만 마음은 하기 싫은 일을 거짓말로 피하게 만드는 반면, 하얀 마음은 솔직하게 말하도록 한다. 당시 한창 말을 듣지 않던 첫째에게 농담처럼 마음속에 까만 마음이 있는 것은 아니냐고 말하곤 했는데, 정말 그런 내용의 책이 있어서 신기했다.

큰 소리로 책을 돌아가며 읽고 까만 마음과 하얀 마음이 싸웠던 경험을 나눴다. 아들은 순진하게도 게임을 금지했을 때 고민 끝에 몰래 패드로 했던 경험을 털어놓았고, 아내의 눈총을 가득 받았다. 하지만 아내도 대학 때 잠이 많아서 아침 수업에 가기 싫었던 경험을 말했다. 특히 첫째는 잠이 많은 편인데, 엄마도 예전에 비슷한 일을 겪었다는 것에 안도했다. 아내는 그래도 학교에 늦으면 안 된다고 눈에 불을 켰고, 잠시 서로 목소리를 높였다. 나는 교회 성가대 연습을 할까 말까 흔들렸던 순간, 딸은 혼날까 봐 숙제했다고 거짓말을 할까 말까 고민했던 순간 등 각자 솔직한 경험을 나눴다.

아이들 앞에서 과거를 고백하기가 부담스러웠다. 왠지 부모는 늘 좋은 모습만 보여야 한다는 생각을 나도 모르게 하고 있었던 것 같다. 실수나 잘못된 행동을 이야기하는 데 용기가 필요했다. 하지만 막상 꺼내 놓고 나니 아이들도 자기만 그런 것이 아니라는 안도감을 느끼는 듯했고, 오히려 서로의 거리를 좁히는 계기가 되었다. 역시 아이들은 엄마 아빠의 경험에 귀를 기울이고 흥미롭게 바라본다. 이때 솔직한 자기 개방이 중요하다는 것을 깨달았다. 물론 지금도 어느 정도까지 이야기해야 하나 늘 고민 중이다.

솔직한 고백으로 분위기가 얼었다면

 그날의 문제는 둘째의 질문에서 시작되었다. 여태까지 했던 거짓말 중 가장 큰 것이 무엇이냐는 물음이었다. 다들 고민하는 모습이 보였다. 둘째가 먼저 경험을 이야기했다. 얼마 전 유튜브로 어린이 채널을 보다가 아래에 뜬 동영상을 클릭했는데, 나중에 아내가 알고 놀라 누가 봤는지 물었고 둘째는 두려운 마음에 아니라고 답했단다. 그 일로 첫째까지도 유튜브 시청이 금지됐었다. 이 사실을 알게 된 첫째는 흥분해서 둘째를 비난하기 시작했다. 순간 얼음장처럼 차가운 공기가 주변을 감쌌다. 둘째는 당황스러운 마음에 제대로 말도 못 하고 눈에는 하얀 물방울이 가득 맺혔다.

 마음의 갈등이 시작되었다. 부모 입장으로 첫째를 말려야 할지, 아니면 모임 구성원으로서 함께 상의해 해결해야 할지 갈팡질팡했다. 상황이 더욱 악화하기 전에 특별 조치가 필요했다. 결국 나는 후자를 택했다.

 "아들, 잠시 진정하고 아빠 이야기 좀 들어 봐. 우리가 독서모임에서 함께 정했던 규칙이 뭐였는지 직접 이야기해 줄래?"

"…."

"그럼 아빠가 읽어 볼게. 상대방이 이야기할 때는 집중해서 경청한다. 용기 내서 자신의 이야기를 할 때, 다른 회원은 절대 말을 끊거나 비난하는 행동을 하면 안 된다. 지금이 바로 규칙이 적용되는 상황인 것 같은데."

"몰라. 화가 나는데 나보고 어떡하라고."

"화가 나는 마음은 아빠도 충분히 이해하는데, 지금은 독서모임 회원의 입장으로 참여해 주면 좋겠어."

첫째의 흔들리는 눈빛이 보였다. 여전히 화가 풀리지 않은 듯하지만, 가족 모두가 합의로 정한 규칙 앞에서 고집을 피울 수 없었다. 다시 한번 우리가 정한 규칙을 소리 내어 읽었다. 둘째는 마음을 추스르고 첫째에게 사과했다. 아내도 나도 둘째가 거짓말했던 상황에 관해 어떤 말도 하지 않았다. 첫째도 흥분해서 큰소리친 것에 대해 모두에게 미안함을 전했다. 그제야 마음이 풀렸다. 이후에 다시 책으로 돌아와 모임을 무사히 마쳤다.

일반적인 독서모임보다 아무래도 가족이라는 울타리

안에 있으니 자기 개방에 더 어려움이 있다. 열한 번째 가족 독서모임에서 그림책 『이웃이 생겼어요!』를 함께 읽을 때였다. 이웃과 친구의 의미를 생각해 볼 수 있는 좋은 책이었다. 큰 소리로 읽고 나서 각자 돌아가며 질문했다. 그중 전학 온 친구에 관한 질문이 있었다. 내 차례가 되었을 때 한 친구가 떠올랐다. 그 친구는 중학교 1학년 1학기 초에 부산에서 서울에 있는 우리 학교로 전학을 왔다. 당시 생소했던 강한 사투리 억양 때문에 '부산맨'이란 별명을 지어 불렀다. 생각해 보면 우리와 친하게 지내고 싶어 적극적으로 다가왔을 텐데, 나는 다른 친구들과 놀리며 배척했었다. 결국 1학기를 다 마치지 못하고 전학을 갔다. 전학 가던 날 어머니와 함께 왔었는데, 나를 향한 원망 섞인 눈빛이 아직도 생생하다.

아이들에게는 늘 친구들과 잘 지내라고 말하면서 정작 나는 부끄러운 과거가 있었다. 이야기해도 될지 고심하다가 결국 말해 버렸다.

"사실 나는 부끄러운 과거를 고백하려고 해. 내가 중학교 1학년 때 우리 반에 다른 지역에서 전학 온 남학생이 있었어. 말투도 조금 다르고 고집이 셌던 것으로 기억해.

그래서 나와 다른 친구들이 그 친구 별명을 부르며 놀리고 배척했어. 지금 생각해 보면 그 친구는 나와 잘 지내고 싶어 했던 것 같은데 나는 그러지 못했어. 결국 그 친구 어머니가 학교에 찾아오셨고, 나와 다른 친구들은 선생님께 많이 혼났지. 그 이유였는지는 확실치 않지만, 얼마 뒤 그 친구는 다른 곳으로 전학을 가 버렸어. 돌이켜 보면 학창 시절 가운데 가장 지우고 싶은 과거이고, 지금은 그 친구에게 미안한 마음이 정말 커. 내가 이렇게 고백하는 이유는 우리 아들과 딸이 아빠와 같은 잘못을 하지 않길 바라는 마음에서야."

아이들뿐 아니라 아내까지도 놀란 눈빛이었다. 둘째는 연신 진짜냐고 물었다. 나는 솔직히 고백하며 지금도 몹시 후회되는 일이고, 나 같은 잘못을 하지 않길 바란다는 말을 남겼다. 지금도 학교 폭력에 관한 기사가 나오면 슬며시 나를 쳐다보긴 하지만, 내 경험이 약이 되어 아이들은 분명 잘하리라 믿는다.

아마도 독서모임이 아니었으면 나는 평생 아이들에게 이 이야기를 하지 않았을 것이다. 솔직한 자기 개방을 통해 서로 간의 거리를 좁히는 것이 독서모임의 큰 매력이 아닐까. '가족'이 아닌 '모임 구성원'이라는 수평적 관계는 같은 눈높이에서 존중하며 대화할 기회이기도 하다. 부모 자식이라는 틀 안에서는 절대 오갈 수 없는 이야기들이 가족을 더욱 단단하게 만드는 힘이 되었다. 가족 독서모임은 잠시 아빠라는 역할에서 벗어나 스스럼없이 내 이야기를 꺼낼 수 있고, 평소 아이들이 어떤 생각을 하며 살아가는지 엿볼 수 있는 좋은 시간이다.

혹여나 가족 간에 소통이 어렵다면 주저 없이 가족 독서모임을 시작하라고 권하고 싶다. 책이라는 매개가 있기에 훨씬 수월하게 대화를 끌어낼 수 있다. 만약 이 글을 읽고 관심이 생겼다면 용기를 내길 진심으로 바란다. 스마트폰에 빼앗긴 '대화'를 찾아올 절호의 기회이다.

진솔하게 '독서모임 대화'하는 법

1. 경청하고 인내하기

아무래도 독서모임에 참여하는 아이들의 나이가 초등학교일 가능성이 크기에 성인 모임과 달리 쉽게 집중력이 흐트러지는 상황을 종종 마주한다. 이는 당연한 일이니 질책보다는 인내심을 갖고 기다려 주는 태도가 필요하다. 실제 독서모임을 처음 시작한 가족들은 이 부분에서 어려움을 토로한다. 그래서 독서모임 규칙에 '경청하기'는 꼭 넣기를 바란다. 모임에서는 부모가 주도하기보다는 구성원 모두가 함께 참여하는 장을 마련하는 것이 중요하다.

아이들의 참여를 유도하는 좋은 방법은 '질문'이다. "이런 상황에 대해 ○○○은 어떻게 생각해?", "책을 읽고 궁금한 점은 무엇이었어?", "가장 인상적인 장면은?" 등등 질문거리는 곳곳에 있다.

독서모임에 어느 정도 적응했다면 아이들이 직접 운영자가 되어 보는 것도 좋다. 우리 가족은 얼마 전부터 공통 도서(그림책)를 다룰 때 둘째가 운영자가 되어 모임을 주도적으로 이끌어 간다.

2. 무조건 긍정적으로 답하기

아이들은 아직 자기 의견을 구체적으로 표현하는 데 익숙하지 않다. 그래서 가끔 질문에 맞지 않는 엉뚱한 답을 하거나, 이상한 질문을 하기도 한다. 그럴 땐 자칫 "내 생각에는 아닌 것 같은데, 다시 생각해 볼래?", "그건 아니지." 등등 부정적인 답을 하기가 쉽다. 그러면 아이들이 의기소침해지고 모임에 소극적으로 변할 가능성이 있다. 어차피 정답이란 없으니 그럴 땐 "와, 생각해 보지 못한 점이네." 혹은 "OOO 생각이 무척 신선한걸?" 등 긍정적인 답을 해 주는 것이 좋다.

실제로 우리 가족이 모임을 시작했을 때는 둘째가 초등학교 1학년이라 글을 읽는 것도 익숙하지 못한 상황이었다. 공통 도서인 그림책은 그나마 괜찮았지만, 개별 도서에는 어른 책도 있어서 질문을 만들거나 답하는 것을 어려워했다. 자연스레 처음엔 소극적으로 변해 갔다. 하지만 가족들의 긍정적인 답변과 꾸준한 지지로 지금은 가장 많이 질문하는 우수 회원이 되었다.

3. 의견 존중하고 공감하기

자칫 민감한 주제로 서로의 감정을 건드리거나 나와 다른 의견을 비난하는 경우가 생긴다. 이럴 때면 빨리 상황을 정리하고 싶은 욕구가 찾아온다. 하지만 갈등을 적절히 해소한다면 오히려 모임의 결속력을 높이는 계기가 된다.

흥분하거나 감정이 올라온 상황에는 훈계보다 먼저 그 마음을 알아주는 것이 중요하다. "OOO이 그렇게 말해서 기분이 상했구나. 나 같아도 그러면 화날 것 같아.", "어떤 부분에서 그렇게 감정이 올라왔는지 우리에게 이야기해 줄 수 있니?", "이런 상황에 대해 어떻게 느끼는지 서로 돌아가면서 이야기해 보자." 등 해결에 초점을 맞추기보다는 그 상황을 직시하며 나누는 것이 훨씬 긍정적인 효과를 불러일으킨다.

사실 이런 갈등은 독서모임이라서 표출되었다기보다는 오히려 평소에 쌓인 감정일 가능성이 크다. 독서모임을 통해 이 부분을 다루고 해소한다면 일거양득이다. 다만 감정이 미처 다 해소되기 전에 모임을 마치는 것은 조심해야 한다. 섣불리 갈등을 봉합하고 모임을 끝내면 나쁜 감정이 일상에서도 계속 유지될 가능성이 크다. 시간이 걸리더라도 모임에서 완전히 해소될 때까지 기다려 주자.

독서모임은 예기치 않은 일들의 연속

독서모임에서 만난 암초

모임 전 아내와 다투었더니

 가족 독서모임을 하다 보면 뜻하지 않은 암초를 만나기도 한다. 그 상황도 다양하다. 독서모임을 시작하고 세 번째 만에 사건이 터지고 말았다. 매달 마지막 주 토요일은 독서모임을 하기로 정했다. 일주일 전쯤 모임이 있음을 상기시키고, 각자 책을 선정해 달라고 이야기했다. 전날 오후까지도 별다른 일이 없었는데, 저녁쯤 되어 일이 벌어졌다. 아내와 첫째 학원 문제로 이야기를 나누다 넘지 말아야 할 선을 넘었다.

 우리는 교육관이 다르다. 아내는 '지금부터 공부를 많이

해야 한다'는 초현실주의자이고, 나는 '다 때가 있으니 지금은 자유롭게 놀아야 한다'는 초이상주의자다. 과학이 부족하니 학원에 보내야겠다는 말에 그냥 고개만 끄덕이면 될 것을 굳이 한마디 보탰다가 서로 언성이 높아졌다. 끝내 다 풀지도 못하고 돌아누운 채 잠이 들었다.

다음 날 아침까지 앙금이 남았다. 조금 있으면 독서모임을 시작해야 하는데, 이대로 진행할 순 없었다. 딸은 벌써 고른 책을 들고 테이블 주변을 배회하고 있었다. 뭔가 둘 사이의 이상 기류를 느낀 듯했다. 한창 독서모임에 재미를 붙인 둘째의 기대를 저버릴 수도 없고 마음만 조급했다.

결국 아내를 방에 부른 뒤 무조건 잘못했다고 사과했다. 처음엔 꿈쩍도 안 하더니 딸까지 가세하자 조금 마음이 누그러졌다. 그렇게 모임을 진행하긴 했는데 분위기는 냉랭했다. 아이들도 눈치를 보느라 제대로 이야기하지 못했다. 어찌어찌 모임을 마치기는 했지만, 이때 깨달은 점이 많았다. 모임이 잘 진행되려면 무엇보다도 서로의 관계가 잘 형성되어야 한다는 점이다. 사회생활에서도 구성원 중에 껄끄럽거나 마음에 들지 않는 사람이 있으면 피하듯이 가족도 마찬가지였다.

독서모임을 매달 마지막 주 일요일에 하기로 정한 뒤로는 그날이 다가올수록 아내와 나는 말 한마디도 조심했다. 아이들에게도 모임이 있다는 것을 계속 주지시켰다. 그 시간에는 다른 약속도 잡지 않고 오롯이 독서모임에 집중했다. 우리에게는 지켜야 할 하나의 규칙처럼 자리 잡았다. 이는 가족 독서모임을 운영하는 데 매우 중요한 부분이다. 외부 모임과 달리 가족 안에서 이루어지다 보니 자칫하면 쉽게 넘어갈 수 있다. '이 시간에는 반드시 독서모임을 해야 한다'는 인식은 뿌리내리기까지 꽤 시간이 걸리겠지만 꼭 필요한 요소다.

모임을 하다 보면 갈등은 자연스러운 일

날이 좋아 근처 공원에서 돗자리를 깔고 야외 독서모임을 자유 도서로 진행한 날이었다. 나는 중동 여인의 비참한 삶을 그린 『천 개의 찬란한 태양』을 선정했다. 열심히 책 내용을 설명하고 질문거리를 던졌다. 그런데 아내의 얼굴이 점점 어두워지는 것이 아닌가. 이윽고 아내는 날 선

말들을 쏟아 냈다. 여성의 삶에 관한 문제는 비단 중동뿐 아니라 현재 우리나라에서도 일어나는 일이라고 열변을 토했다. 여성이기에 받는 차별, 폭력 등 현재 문제들에 대해서도 소리를 높였다. 순간 공기가 얼음장처럼 차가워졌다. 아이들도 아내 눈치 보느라 이야기를 꺼내지 못했다. 일단 분위기를 진정시키고, 서둘러 내 책을 마무리하고 아들 책으로 넘어갔다.

모임을 마친 뒤 아이들이 논다며 뛰쳐나간 틈을 타 아내에게 물었더니 모임 이야기 중에 결혼하고 며느리라는 이유로 받았던 차별이 떠올라 감정이 올라왔다고 했다. 생각지도 못한 일이었다. 이럴 땐 바싹 자세를 낮추는 것이 정답임을 알기에 사과하며 달랬다. 많은 시간이 지났음에도 아내 마음에는 여전히 쌓인 감정이 많다는 것을 알게 되었다.

책 선정의 중요성을 이때 깨달았다. 한편으로는 그때 어물쩍 넘어가지 말고, 그 주제에 관해 아이들과 함께 이야기 나눴으면 어땠을까 하는 아쉬움도 남았다. 아이들은 이 문제에 어떤 생각을 갖고 있을지 궁금했다.

이렇듯 독서모임을 하다 보면 뜻하지 않은 암초를 만날

때가 있다. 하지만 그 경험이 오히려 모임을 단단하게 만드는 계기가 되기도 한다. 갈등은 자연스러운 일이다. 결국 대화와 소통을 통해 이겨 내는 방법밖에 없다. 독서모임에서 만난 암초를 함께 넘으며 우리 가족의 결속력은 더욱 단단해졌다. 앞으로도 예상치 못한 어려움은 계속 찾아올 것이다. 그때마다 가족 모두가 합심해서 이겨 낼 것이다. 이것이 독서모임의 힘이다.

나도 독서모임이 귀찮을 때가 있다

무언가를 바라고 시작하지는 않았지만

독서모임을 운영하다 보면 가끔 하기 싫고 꾀가 날 때가 있다. 휴일에 편하게 침대에 누워 핸드폰을 보거나, 좋아하는 액션 영화를 감상하면서 시간을 보내고픈 유혹에 사로잡힌다.

'그냥 이번 주는 넘어가고 다음 주에 하자고 할까?'
'아니야. 이미 공지했는데 리더로서 책임감을 가져야지.'
'고작 한 번인데 그냥 영화나 보면서 푹 쉬자고.'
'그래도 해야지. 아이들도 기다릴 텐데.'

모임이 다가올수록 점점 시험에 든다. 마음속에서 천사

와 악마가 번갈아 가며 소리를 높인다. 하지만 결국 천사가 승리하고 이미 한 몸이 된 침대와 아쉬운 작별을 고한다. 사실 독서모임을 하려면 준비해야 할 것이 한둘이 아니다. 우선 혹여나 모임에서 함께 읽을 책을 까먹었을까 봐 수시로 알려야 한다.

"아들, 독서모임 책 알지?"

"아니, 모르겠는데."

"아빠가 카톡으로 공지했잖아. 빨리 확인해 봐."

"알았어."

"여보, 이번 독서모임 책 다 읽었어?"

"앗, 이번 주가 독서모임이야? 아직 안 읽었는데…. 이번 주 바쁜데 큰일 났네."

"뭐야. 다 읽고 와야지."

"알았어요."

흔히 일어나는 일이다. 이럴 땐 맥이 확 풀린다. 독서모임 한다고 나만 이리저리 뛰어다니는 것 같고, 정작 가족들은 그리 필요하지 않은 것인가 속상할 때가 많다. 더구나 모임 당일에는 이런 저항이 극대화된다. 딸은 슬그머니 다가와 귓속말로 묻는다.

"아빠, 날이 참 좋은데 우리 밖에 나가면 안 돼?"

"그래? 오늘은 독서모임 하는 날이잖아."

"그래도…. 치, 나가서 놀고 싶단 말이야."

"그럼 우리 밖에서 할까? 어디 좋은 카페에서?"

"싫어. 나 오늘 안 할래."

이럴 땐 어르고 달래야 한다. 한참을 다독인 끝에 겨우 독서모임을 시작한다. 이미 마음은 콩밭에 가 있기에 내내 집중하지 못하는 딸아이의 얼굴을 마주한다. 그냥 오늘은 쉬고 나가 놀아야 했나. 모임을 마치고 서둘러 아이가 원하는 밖으로 나간다.

독서모임 중에도 쉴 틈이 없다. 눈치를 살피며 수시로 유체 이탈을 하는 아들을 붙잡아 모임 안으로 데려와야 하고, 말 욕심 많은 딸을 자제시키며 고르게 발언권을 줘야 한다. 모임 중에 나온 말들도 혹여나 잊을까 싶어 열심히 노트한다. 질문과 답이 오갈 때는 적절한 피드백도 필수다. 그래야 물 흐르듯 모임이 흘러갈 수 있다. 말 그대로 멀티플레이어가 되어야 한다.

"아들, 뭐 해? 엄마가 하는 말 집중해서 들어야지."

"알겠어, 딸. 그런데 이미 질문했으니 이번에는 오빠한

테 기회를 주자."

"와, 정말 답을 잘했네. 혹시 의견이 다른 사람이 있을까?"

모임을 마치고 가족들이 각자의 쉼을 찾아 떠날 때도 나는 이제부터 시작이다. 컴퓨터를 켜고 블로그에 접속해서 노트에 기록한 내용을 옮겨 적는다. 분명 모임 때는 내용이 생생했는데, 막상 정리하려면 증발해 사라지기 일쑤다. 더듬더듬 기억을 떠올리며 안간힘을 다한다. 보통 블로그에 글을 쓰는 데는 한 시간 이상이 소요된다. 하지만 아무리 힘들더라도 기록은 멈출 수 없다. 우리가 함께한 증거이자 평생 남는 추억 상자이기 때문이다.

가끔 그런 생각이 든다. '가족들은 내가 이런 수고를 하는 걸 알고 있을까? 그리고 고마워는 하고 있을까?' 무언가를 바라고 시작한 일은 아니지만 조금은 알아줬으면 하는 마음이 들기도 한다. 지금은 아니더라도 나중에 커서는 알 날이 오겠지.

이번 주 가족 독서모임이 다가온다. 한 주 동안 바쁜 회사 일로 시달렸더니 주말에 쉬고 싶은 마음이 스멀스멀 생겨난다.

"이번 주 정말 정신없었잖아. 가족들에게 이야기하고 한 번만 쉬지 그래."

"무슨 소리! 딸이 이미 책도 골라 놓았잖아. 얼마나 신났는데, 흔들리지 마!"

"생각해 봐. 다음에 한다고 그러면 더 좋아할걸."

"아니야. 아니라고."

나는 고개를 연신 저으며 딸이 고른 책을 집었다. 그리곤 인터넷으로 작가를 검색하고, 열심히 노트를 시작했다. 마음속 악마의 속삭임을 열심히 밀어내면서.

가족 독서모임 기록하는 법

1. 들어가기
독서모임의 문을 열며 간단한 이야기로 시작한다. 그날 특색 있는 일이나 독서모임과 관련된 에피소드를 함께 적으면 좋다.

예시)
경주 여행 마지막 날, 우리는 예정대로 가족 독서모임을 진행했다. 장소는 아내가 미리 봐 둔 예쁜 카페였다.

2. 책 소개
책을 선택한 이유와 작가 소개를 곁들여 설명한다. 이때 책 표지에서 느껴지는 점을 묻고 답하면 흥미도 생기고 이야기도 더욱 풍성해진다.

3. 줄거리
책 줄거리를 정리한다. 최대한 가족들이 이야기한 내용을 그대로 옮겨 적되 내용이 많으면 줄일 필요도 있다. 이때 대화체보다는 요약해서 기술한다.

4. 질문거리

독서모임을 하면서 나온 질문과 답을 기록한다. 이 부분이 가장 중요하다. 모임 중에 틈틈이 적어 놓아야만 제대로 정리할 수 있다. 대화체로 기록하면 모임 상황을 더욱 생생하게 그려낼 수 있다.

예시)

아빠의 질문: 꼬질이는 왜 주인이 없을까?

딸) 원래 주인은 있었는데 다른 강아지들과 노느라 집을 떠나 멀리 가게 되었고, 그만 길을 잃어버려 혼자가 되었어.

아들) 아마도 처음부터 혼자였던 것 같아. 그러니깐 이렇게 자연스레 돌아다닐 수 있지. 주인이 원래 있었으면 아마도 돌아다니는 데 제약이 있었을 거야.

엄마) 아들 말처럼 주인이 없었던 것 같아. 행동하는 것을 보면 무척 자연스러워. 그리고 주인이 있었으면 그리워했을 것 같아.(갑자기 이때 이야기가 유기견으로 흘렀다. 나와 아내는 유기견에 관해 설명했다. 주인이 버린 강아지는 일정 기간 보호 센터에 머물다 입양되거나 주인을 찾지 못하면 안락사시킨다는 말에 딸은 무척 놀랐다.)

5. 소감
모임을 마치고 돌아가면서 이야기한 소감을 정리한다. 긍정적이거나 부정적인 소감 모두 솔직하게 기록한다. 나중에 기록을 살펴보면 독서모임 당시의 감정을 돌아볼 수 있다.

6. 마무리
모임을 마치고 리더로서 느꼈던 전체적인 소감을 기록한다. 그리고 말미에 다음 독서모임에 관한 이야기를 적으면 기억에도 도움이 된다.

예시)
다들 이야기가 고팠던 탓일까. 이번 독서모임은 어느 때보다 열띤 이야기가 오갔다. 아마도 흥미로운 책을 선정했기 때문이리라. 책이라는 것은 이렇게 나의 라임오렌지 나무의 밍기뉴처럼 성장하게 만든다. (중략) 다음 모임은 공통 도서다. 딸이 고르기로 했다. 벌써 어떤 책일지 기대된다.

사춘기 아들과 독서모임

독서모임을 그만하겠다는 아들

"아빠, 나 이제 독서모임 졸업할래."

순간 무거운 분위기가 거실을 가득 메웠다. 잠시 둘 사이에 침묵이 흘렀다. 그리곤 내가 물었다.

"왜 그만하고 싶은데?"

"몰라, 그냥 다 짜증 나."

그 순간 '놓아 줘야 하나? 붙잡아야 하나?' 두 가지 마음이 교차했다. 일단 첫째에게 시간을 주고 싶었다. 테이블에 나란히 앉아 잠시 이야기를 나눴다. 일단 첫째의 마음을 충분히 공감해 줬다. 그리곤 생각을 해 보라고 했다. 저녁 모임 때까지 고민해 보고, 시간이 되도록 오지 않으면 마음을 정한 것으로 알겠다고 했다. 다만 혼자 결정할 수 없는 문제라 독서모임 때 아내와 둘째와도 상의해 보겠다고 하니 고개를 끄덕였다.

중학교 입학 후 첫째의 사춘기가 시작되면서부터 집안은 살얼음판을 걷는 듯 조마조마했다. 수시로 감정이 널뛰었고 사소한 일에도 큰소리가 오갔다. 그 모습이 낯설었다. 여전히 내 마음속에는 어린아이로 남아 있는데, 벌써 저만치 떨어져 밀어내니 받아들이기 힘들었다. 이제 아들은 부모라는 우주에서 벗어나 자기만의 세상을 만들어 가고 있었다. 그럴수록 나와 아내는 더욱 아들의 세상을 들여다보고 싶었다. 무언가 물어도 "네", "아니요"라고 단답형으로 말하니 답답해서 미칠 지경이었다.

게임 문제로 아내와 갈등이 있었을 때는 큰소리를 내며 엄마에게 대드는 모습을 보였다. 나는 순간 화가 나서 크게 혼을 냈다. 그러자 아들은 며칠 동안 방 안에 처박혀 무언의 시위를 했다. 가끔 주방에 아무렇게나 놓인 그릇들을 보면서 밥은 챙겨 먹고 있음을 알 수 있었다. 결국 4일 만에 백기를 들고 나왔지만, 앞으로 얼마나 더 이런 일을 겪어야 할지 생각하니 한숨이 나왔다.

그래서 더욱 첫째와 독서모임을 계속하고 싶었다. 가족끼리 하는 것이지만, 우리에게는 공적인 모임이었다. 부모와 자녀라는 틀에서 벗어나 동등한 주체로서 생각을 나누는 시간이었다. 이 공간이라면 솔직한 첫째의 마음을 알 수 있지 않을까 하는 기대가 있었다. 하지만 이미 주사위는 던져졌고, 우리는 그저 기다릴 수밖에 없었다.

첫째도 생각 중인지 방에서 나오지 않았다. 독서모임 시간은 점점 다가왔다. 초조한 마음에 시계만 계속 들여다봤다. 재깍재깍 시곗바늘 소리가 북소리처럼 크게 들렸다. 드디어 시간이 다 되었다. 아내와 둘째는 이미 자리에 앉았다. 서로 말은 안 해도 표정만으로 같은 마음임을 알 수 있었다. 5분의 시간이 흘렀다. 더는 기다릴 수 없어 각자 책을 테이블에 놓고 시작할 준비를 했다. 그때였다. 첫째가 머쓱한 표정을 지으며 다가오는 것이 아닌가. 우리 모두 티를 내지는 않았지만, 눈짓으로 기쁨을 주고받았다. 나도 첫째에게 아무런 말을 하지 않았다.

평소처럼 독서모임이 진행되었다. 여전히 첫째는 살짝 삐딱한 모습으로 질문에 단답형으로 답했다. 하지만 특유의 시선으로 웃음을 줬다. 그날 다룬 책은 『구미호 식당』이었다. 이승에서 삶을 마무리한 두 사람이 저승으로 가는 길목에서 구미호 서호를 만나 다시 이승으로 돌아가는 제안을 받고 이루어지는 이야기였다.

질문 시간이 되어 아내가 먼저 시작했다. 죽은 뒤에 49일 동안 이승에 갈 수 있는 제안을 받는다면 어떻게 할지 물었다. 나는 돌아가서 소중한 가족과 사람을 만난다면 다시 떠나기 슬플 것 같아서 아예 가지 않겠다고 했다. 둘째는 그래도 한 번이라도 더 보고 싶은 마음에 가고 싶다는 의견이었다.

옆에서 묵묵히 이야기를 듣던 첫째는 본인도 가지 않겠다고 했다. 이유가 재밌었다. 본인은 100% 천국에 갈 것이므로 굳이 다시 돌아가서 힘든 삶을 살 필요가 없다고 했다. 아내가 하나님을 믿지도 않으면서 어떻게 천국에 갈 수 있겠냐고 반박하니 천국을 가는 방법은 한 가지가 아니라 다양하다는 궤변을 늘어놓았다. 본인 나름대로 착하게 살고 있으니 가능하다는 말에 우리 모두 웃음이 빵 터졌다.

첫째는 이렇게 엉뚱하지만 생각지도 못한 시각으로 웃

음을 준다. 모임이 진행되면서 얼굴도 밝아지고 잘 녹아드는 모습을 보여 다행이었다. 마지막 소감으로도 다음 주에 이 책으로 학교에서 발표해야 하는데, 오늘 질문을 통해서 좋은 팁을 얻어 유익한 시간이라고 답했다. 그 말을 듣는 순간 얼마나 좋았는지 모른다. 첫째의 표정을 보고 계속해서 독서모임에 참여하리라는 확신을 얻었다.

앞으로 가족 독서모임 안에서 첫째와 어떻게 화합해서 나아갈지 계속 고민이 된다. 분명 위기의 순간은 또 찾아올 것이고 언젠가 이 모임을 떠날 것이다. 하지만 할 수 있는 한 오랫동안 함께하고픈 마음이다. 모임을 통해 단답형에서 벗어나 어떤 생각을 가지고 살아가는지 알 수 있기 때문이다.

한 가지 바람이 더 있는데, 사춘기 구간을 잘 지나고 좀 더 성장한 모습이 되었으면 좋겠다. 아내와 내가 그 자리에서 꿋꿋하게 잘 버텨 주고 본인도 노력한다면 분명 이겨 내리라 믿는다. 첫째의 졸업 선언으로 식겁했던 하루였지만, 훈훈하게 잘 마무리되었다. 삶은 늘 예기치 않은 일들의 연속인 것 같다. 방으로 돌아가는 첫째의 어깨를 두드리며 힘껏 내 마음을 담아 보냈다.

사춘기 자녀와 독서모임 하는 법

1. 아이가 원하는 책 고르기
자녀가 어떤 책을 고르든 적극 지지한다. 비록 만화책이더라도 아이가 흥미를 갖고 있다면 독서모임에서 편하게 이야기 나눌 수 있도록 분위기를 만들어 주자.

2. 인내심을 갖기
혹여나 모임 안에서 비협조적인 모습을 보이더라도 나무라지 말자. 인내심을 갖고 긍정적인 피드백을 자주 해 준다. 참여하는 것만으로도 대단한 일임을 인식하자.

3. 휴식을 주는 것도 좋다
당일 아이의 마음 상태가 좋지 못해 참여하기 어려운 상황이라면 과감하게 휴식을 주는 것도 하나의 방법이다. 언제든 참여하고 싶은 마음이 들 때 올 수 있도록 이해해 주자.

4. 모임 전 분위기 조성하기

자녀와의 원만한 관계 형성이 중요하다. 사춘기 탓에 갈등이 지속된다면 함께 모임을 진행하기 곤란하다. 갈등이 있더라도 풀려는 노력이 필요하다. 특히 모임 전에는 좋은 분위기가 형성되어야 한다. 우리 가족은 매월 마지막 주 일요일 저녁에 가족 독서모임을 진행하는데, 이날을 '자유의 날'로 지정해 낮에는 아이들이 좋아하는 영화나 게임을 마음껏 즐기게 하고, 음식도 아이들이 좋아하는 메뉴로 선정한다. 낮에 형성된 좋은 분위기가 저녁까지 이어져 가족 독서모임을 하는 데 도움이 된다. 용돈도 유인책으로 좋은 방법이다.

5. 아이의 마음을 읽을 수 있는 질문 만들기

사춘기에 접어든 자녀의 마음을 아는 방법 가운데 하나가 가족 독서모임이다. 그러므로 모임을 진행하면서 책 내용 이외에도 자녀의 평소 가치관을 확인할 수 있는 질문을 적극 활용하자. 예를 들어 부모에 관한 책을 선정했다면 평소 부모에게 어떤 마음을 갖고 있는지 물을 수 있다. 또는 친구 관계에 관한 책을 나눈다면 현재 대인 관계가 어떤지를 간접적으로 확인할 수 있다.

아이 사춘기에 독서모임이 필요한 이유

자연스레 아이들의 마음을 읽는 법

 토요일 오후, 오랜만에 아이들과 함께 공원을 산책하면 좋으련만 첫째는 아침부터 학원으로 떠났고, 둘째는 벌써 친구랑 놀기로 약속을 잡았다. 아내마저 출근하고 덩그러니 거실 테이블에 앉아 괜스레 핸드폰만 뒤적거렸다.
 답답한 마음에 인근 공원으로 바람을 쐬러 나갔다. 넓은 공간에 맑은 햇살이 내리쬐며 한 폭의 그림처럼 아름다웠다. 그곳에서 엄마 아빠 손을 잡고 해맑게 웃는 아이를 바라보며 나도 모르게 흐뭇한 미소를 지었다. 아이들이 어릴 때 우리도 이곳저곳 많이 다녔다. 유독 나를 잘 따랐던 첫째는 아빠 껌딱지가 되어 조잘조잘 끝도 없이 이야기를 쏟아 내곤 했다. 그랬던 아이가 사춘기에 돌입해서는 입에 지퍼라도 단 듯 말문을 닫아 버렸다.

학교생활은 어떤지, 친구와는 잘 지내는지, 혹여나 고민거리는 없는지 궁금해서 물으면 송곳처럼 날카로운 감정을 드러내 서로 사이만 나빠졌다. 그래서 언젠가부터 서로 묻지 않는 일이 불문율이 되었다. 굳게 닫힌 방문처럼 멀어지는 아이를 그저 문밖에서 바라볼 수밖에 없었다.

이제 남은 유일한 통로는 가족 독서모임이었다. 다행히 첫째가 어릴 때부터 해 와서인지 으레 하는 일로 생각했다. 물론 각고의 노력이 필요했다. 모임을 하자면 잔뜩 흐린 얼굴로 이 핑계 저 핑계를 댔다. 하지만 나 또한 물러서지 않고 끝까지 밀어붙였다.

최근에 독서모임을 졸업하겠다는 첫째의 폭탄선언에 마음이 쿵 하고 주저앉았다. 겉으로는 태연한 척했지만, 속에서는 별의별 생각이 다 들었다. 그렇지만 강요할 수 없었다. 결국 선택권을 줬고 고민 끝에 다시 참여하기로 했다. 그 과정에서 아이도 분명 본인에게 남는 무언가가 있었기에 돌아왔다고 믿는다.(돌아온 이유가 너무 궁금해서 묻고 싶은 마음이 굴뚝같았지만, 꾹 참을 수밖에 없었다.)

이렇게까지 해서라도 나는 왜 가족 독서모임을 하고 싶을까. 여러 이유가 있지만 직접 물어서 알 수 없는 속마음을 책을 통해 자연스레 확인할 수 있다는 점이 가장 크다. 책은 마법과도 같아서 아무리 숨기려 해도 드러나게 마련이다. 더구나 가치관이 성립되는 중요한 시기에 혹여나 좋지 못한 생각을 가질까 두려웠다.

요즘은 유튜브를 통해서 검증되지 않은 지식이 난무한다. 이럴 때일수록 아이 마음을 살펴보는 일이 무엇보다 중요했다. 하지만 아들은 사춘기가 찾아와서인지 모임에서도 소극적으로 변했다. 어떤 질문을 해도 시큰둥하고 단답형으로 답한다. 그래도 때때로 우리는 중요한 순간을 마주한다.

빅터 프랭클의 『죽음의 수용소에서』를 읽고 독서모임을 할 때였다. 인간의 존엄이 모두 무너진 상황에서 누군가는 나치에게 명령을 받아 더욱 악랄한 본성을 드러냈고, 어떤 이는 본인을 희생하면서까지 다른 사람을 구하려고 했다. 만약 자신에게 이런 순간이 닥치면 어떻게 할지 묻고 답했다. 아들 차례가 되었다. 어떻게 생각할지 무척 궁금했다.

"음, 솔직히 잘 모르겠어. 어렵네. 지금 내가 그 상황이 된 것도 아니고. 아빠가 책 소개를 했을 때는 어떻게 같은 수형자끼리 그럴 수 있는지 이해가 안 됐어. 하지만 목숨이 달린 순간에 과연 나도 거부할 수 있을지 곰곰이 생각해 봤더니 아니더라고."

"그렇다면 본인을 희생하면서까지 남을 돕는 행동은?"

"상황에 따라 다르지. 그래도 너무 힘들어하는 사람을 본다면 그냥 지나치지는 못할 것 같아. 내가 남 일에 크게 신경 쓰는 성격은 아닌데, 반에서 어려운 친구를 보면 못 넘어가겠더라고. 하지만 내 목숨과도 연관된 일이라면 나설지는 그때 가서 봐야겠어."

평소 시크한 성격이라 다른 사람 일에는 무관심한 줄 알았더니 의외였다. 하긴 속에는 난로처럼 따뜻한 마음을 지닌 줄은 알고 있었다. 다만 표현에 인색할 뿐이었다. 첫째의 답을 듣고 내색하진 않았지만 뿌듯했다.

둘째가 고른 김영주의 『짜장 짬뽕 탕수육』이라는 동화책으로 독서모임을 할 때도 기억나는 장면이 있다. 중국집을 운영하던 종민이네 가족은 도시로 이사를 온다. 전학 간 학교에서 종민이는 괴롭히고 놀리는 학생들 때문에 어려운 상황에 놓인다. 참아도 보고, 맞서기도 해 봤지만 이겨 내기가 쉽지 않다. 그러다 곁에서 도움을 주는 친구들 덕분에 조금씩 힘내 보기로 한다는 내용의 책이다.

동화책이라 첫째가 유치하다 생각하고 시큰둥하면 어쩌나 걱정했더니 기우였다. 적극적으로 자신의 경험을 공유했다.

"혹시 학교 다니면서 이런 경험이 있었어?"

"사소하게 친구들과 다툰 적은 있지만, 따돌림을 당하거나 한 적은 없어. 주변에서 그런 행동을 하는 경우를 본 적은 있지. 초등학교 5학년 때인가 반에 행동이 느리고 말도 잘 못하는 친구가 있었어. 짓궂은 애들이 그 친구가 화장실 칸 안에 있으면 물에 젖은 휴지를 집어 던지거나 교실에서 선생님 몰래 따돌리고 놀렸어."

"그때 너는 어떻게 행동했는데?"

"도움을 주고 싶었지만, 선뜻 나서지 못했어. 워낙 여러 명이 그러기도 했고. 나중에 다행히 선생님이 알게 되어 그 친구들 모두 벌을 받았고, 다시 괴롭히는 일은 없었어."

"네가 도와줬으면 달라졌을까?"

"그건 모르지. 지금 와서 후회되기는 해. 그때 내가 도움을 줬더라면 어땠을까 하고. 나중에 교육을 받았는데 방관 역시 가해라고 했어. 나중에 다시 그런 일이 생기면 선생님께 꼭 알릴 거야."

첫째는 둘째에게도 그런 상황에서 가만히 당하고만 있지 말고 엄마나 아빠 혹은 본인에게라도 꼭 알리라고 신신당부했다. 아이는 모임을 마무리하며 요즘 이슈가 되고 있는 학교 폭력 문제로 이야기 나눌 수 있어서 좋았다는 소감을 밝혔다. 학교 폭력은 나쁜 행동이니 반드시 처벌받는다는 점도 강조했다.

첫째의 말처럼 학교 폭력 문제는 가볍게 볼 일이 아니다. 다행히 첫째나 둘째 모두 관여된 적은 없지만, 피해자나 가해자가 되지 말라는 법이 없다. 책을 통해 자연스레 의견을 나눴고, 특히 첫째의 경험을 공유하며 깊이 돌아보는 계기가 되었다. 아내와 나는 모두 첫째의 결심을 지지했고, 다시 그런 상황이 생긴다면 용기 내 주길 바랐다.

그동안 우리는 독서모임을 하면서 시시각각 생각을 들여다볼 기회를 얻었다. 그것이 여러 어려움에도 불구하고 사춘기인 첫째와의 독서모임을 포기할 수 없는 이유기도 했다. 아이들이 남성과 여성에 관해 어떤 생각을 갖고 있는지 궁금해서 '주제가 있는 독서모임'을 열고 『현남 오빠에게』를 다룬 적이 있음을 앞서 소개했다. 역시나 깊은 이야기가 오갔고 아이들에게 우리가 바라는 점을 전할 수 있는 소중한 시간이었다. 앞으로도 주제가 있는 독서모임은 계속 시도해 볼 예정이다.

단 하나의 이유만으로도 충분하다

내가 왜 사서 이런 고생을 하나

"서로의 눈은 새까만 밤을 밝히는 별처럼 빛나고, 열띤 토론은 지남력마저 상실한 채 깊고 푸른 바닷속으로 빠져든다."

흔히들 가족 독서모임을 한다고 하면 이런 장면을 상상할지 모르겠다. 하지만 현실 속 아이들은 수시로 산만하게 자리를 이탈하고, 말하다 싸우기 일쑤다. 부모는 말리고 중재하고 달래며 겨우겨우 모임을 이끌어 간다.

처음 모임을 시작했을 때 이제 갓 초등학교에 입학한 둘째는 돌아가면서 궁금한 점을 물어볼 때도 어떤 말을 해야 할지 몰라 눈만 껌뻑였다. 그리고 질문을 온전히 이해하지 못해 엉뚱한 말을 하기도 했다.

그런 둘째가 두 번째 모임에서 용기를 냈다. 본인 몫의 분량을 큰 소리로 읽기 시작했다. 아직 한글 읽기가 서툴러 속도는 매우 더뎠다. 그나마 나와 아내의 힘찬 응원에 기대 더듬더듬 읽어 나가고 있었다. 하지만 그때 들린 소리. "빨리 좀 읽어. 답답해 죽겠네." 옆에서 참지 못하고 던진 첫째의 한마디에 둘째는 닭똥 같은 눈물을 쏟아 내기 시작했다.

상황은 걷잡을 수 없이 커졌다. 아내가 달래서 겨우 울음은 멈추었지만, 모임은 안 하겠다고 버텼다. 어떤 상황에서도 상대방을 비방하지 않기로 독서모임 규칙에 넣었건만 두 번째 모임 만에 깨지고 말았다. 결국 첫째가 사과하고, 모임 후에 둘째가 가장 좋아하는 닭고기 꼬치를 사주기로 약속한 후에야 간신히 진행할 수 있었다. 하지만 그 후로도 아슬아슬한 줄타기를 몇 번이고 넘어야 했다. 첫째는 당시 초등학교 5학년 남자아이로 에너지가 넘쳐 날 때였다. 조금만 이야기가 길어질 것 같으면 벌써 엉덩이가 들썩이고 마음은 밖으로 나가 있었다.

야외에서 진행했던 독서모임이 생각난다. 더할 나위 없이 좋은 가을 어느 날, 집 앞 공원에서 돗자리를 깔고 우아하게 독서모임을 시작했다. 돌아가면서 읽은 책을 소개하고 있는데, 첫째의 시선은 내내 주변에서 공을 차는 아이들에게로 향했다. 몇 번 주의하라고 경고했는데도 이미 정신은 운동장에서 뛰놀고 있었다. 도저히 안 되겠다는 생각에 모임을 잠시 중단하고, 공을 들고 첫째와 뛰쳐나갔다. 둘이 운동장에서 지칠 때까지 공을 찬 후 돌아왔다. 이마에 비 오듯 땀이 흘렀던 첫째는 그제야 진정되어 책에 시선을 돌렸다.

그런 첫째를 붙잡고 모임을 이끌어 가야 하니 길은 늘 비포장도로였다. 어떨 땐 화가 머리끝까지 나서 모임이고 뭐고 다 그만두고 싶을 때도 많았다. 내가 왜 사서 이런 고생을 하나 싶었다. 하지만 그만둬야 하는 100가지 이유보다 계속해야 하는 한 가지 이유가 흔들리는 나를 붙잡았다. 바로 독서모임을 통해 성장하는 우리 가족의 모습이었다.

모임을 통해 성장하는 우리 가족

아내와 결혼해서 10년 넘게 살아왔지만, 주된 대화의 주제는 집과 돈이었다. 아이가 태어난 후에는 교육이 하나 추가되었을 뿐이었다. 그런데 요즘은 자연스레 책 이야기가 오간다. 책을 그다지 좋아하지 않았던 아내도 읽는 재미에 푹 빠지더니 동네 친한 엄마들과 따로 독서모임까지 시작했다. 그 덕에 집에는 책 배송이 끊이지 않는다. 독서모임을 준비한다고 열심히 책을 읽는 모습이 그리 멋질 수 없다.

가족 독서모임을 시작하면서 가장 걱정되었던 점 중 하나가 아내였는데, 이제는 제일 든든한 지지자가 되었다. 모임 안에서도 늘 우리에게 생각할 거리를 나눠 준다. 먼저 마음을 열고 솔직하게 본인의 이야기를 꺼내니 아이들도 자연스럽게 자기 개방을 하게 된다.

중동 여성의 슬픈 삶을 다룬 『천 개의 찬란한 태양』으로 독서모임을 할 때였다. 아내는 마음 깊이 소설 속 여성에게 공감하고 여전히 사회 곳곳에 남아 있는 차별에 대해서 본인이 겪은 사례들을 나눠 줬다. 아이들이 이해하기엔 다소 어려운 주제일 수 있었지만, 아내 덕에 의외로 잘 받아들였고 사회적 약자에 대한 차별까지도 이야기 나눌 수 있었다. 이처럼 아내와 함께하며 책에서 파생된 진지한 이야기까지 나누는 것이 아이들 성장에 큰 밑거름이 되리라 믿는다.

둘째는 이제 초등학교 4학년이 되었다. 독서모임에 가장 적극적인 회원이다. 얼마 전에는 나를 대신해 리더로서 독서모임을 이끌었다. 내심 이제는 자리를 내줘야 할 때가 온 것 같아 기뻤다.

그간 둘째의 성장은 눈이 부신다. 꾸준히 독서모임에 참여하면서 책을 읽는 말의 힘을 느꼈다. 그 결과가 성과로 돌아왔다. 2학년 때 학교에서 주관하는 독서 마라톤 대회에 참가해서 완주했다. 1년간 만 페이지의 책을 읽고 기록하는 쉽지 않은 여정임에도 포기하지 않고 해내는 모습이 대견했다. 3학년 때는 독서 글짓기 대회에 나가서 수상도 했다. 책 한 줄 읽기도 어려웠던 아이가 이제는 다양한 독서 관련 활동에 참여하다니 정말 뿌듯했다. 그 과정을 모두 독서모임을 통해서 확인할 수 있었다.

요즘은 모임 중에 얼마나 적극적으로 자기 의견을 피력하는지 모른다. 책도 본인이 더 읽으려 욕심내고 질문도 몇 가지씩 더 한다. 어릴 때부터 모든 것이 느렸던 아이라 걱정이 많았는데, 꾸준히 책을 읽고 나눈 것이 도움이 된 듯하다. 아내의 친한 동네 지인이 아이들을 대상으로 하는 책 수업 강좌에 보냈더니, 생각도 적극적으로 표현하고 책에 관한 깊은 생각도 할 줄 안다며 칭찬해 줬다고 한다.

첫째는 타고난 성격이 내성적이고, 겉으로 표현하는 것이 어려운 아이였다. 마음속에 있는 따뜻함을 드러내지 못하는 것이 늘 안타까웠다. 독서모임에서도 그 모습이 여실히 나타났다. 일부러 삐딱하게 반대로 이야기하고, 조금이라도 마음에 다가가려 하면 의도적으로 피했다. 그래서 누구보다 첫째에게 가족 독서모임이 필요하다고 생각했다.

모임 초기에는 첫째의 부정적인 의견에 신경이 쓰였지만, 계속 진행하면서 그것도 하나의 시선일 수 있음을 깨달았다. 첫째 덕분에 우리는 한 면이 아닌 다른 면도 보게 되는 경험을 했다. 그 부분을 칭찬하고 지지해 줬더니 일부러라도 다른 의견을 내놓으려 하는 모습이 귀여웠다. 자칫하면 한 가지 생각에 갇히기 쉬운데, 다른 가족들의 생각도 엿보면서 사고의 지평을 많이 넓힌 듯 보였다.

그래서였을까. 사춘기에 진입한 요즘, 다른 아이처럼 수시로 감정이 오르락내리락하더라도 마음의 문은 닫지 않았다. 여전히 기분 좋을 땐 다가와 살갑게 장난을 치고 이야기를 나눈다. 좋든 싫든 꾸준히 한 달에 한 번은 얼굴을 마주하는 독서모임이 소통에 큰 도움이 되었다. 성과를 바라고 독서모임을 시작한 것은 아니지만, 조금이나마 아이들에게 도움이 된 것 같아서 하길 잘했다는 생각이 든다. 아이들은 언젠가 떠나겠지만, 최대한 그 시간을 늦추고픈 마음이다.

얼마 전 블로그에 비밀 댓글로 독서모임의 고충을 토로한 분이 있었다. 우리 가족 독서모임을 보고 시작해 봤는데, 아이들이 시큰둥하고 산만해서 계속할지 말지 고민이라는 글에 나도 모르게 미소가 지어졌다. 나 역시 4년이 넘도록 가족 독서모임을 하고 있지만, 여전히 그런 난관에서 벗어날 수 없을 만큼 당연한 일이라며 공감을 전했다. 그리고 끝까지 포기하지 않았으면 좋겠다는 진심 어린 조언도 건넸다.

가족이 하는 모임이고, 어린아이들과 함께해야 하니 어

려운 점이 있는 것은 어찌 보면 당연하다. 가족 간에 갈등이 생기면 모임조차 할 수 없게 되고, 산만하고 집중하기 어려운 아이들을 끌고 가는 수고도 피할 수 없다. 하지만 모임을 통해 비단 아이뿐 아니라 부모까지도 성장하는 경험을 한 뒤로는 계속해야겠다는 사명감까지 생겼다. 그러니 장밋빛 환상은 잠시 내려놓고, 조금은 가시밭길이더라도 반드시 가 보라고 말하고 싶다. 꾸준히 가족 독서모임을 한다면 마법 같은 일이 바로 눈앞에서 펼쳐질 것이다.

3장

독서모임은 가족의 소통 창구

독서모임 여행 떠나기

강릉에서 한 독서모임

"이번 여행에서 독서모임을 하면 어때?"

순간 귀를 의심했다. 추석 연휴 때 2박 3일로 강릉에 가기로 한 적이 있다. 설레는 마음으로 여행 계획을 짜던 중 아내가 휴가지에서 독서모임을 하자고 제안한 것이다. 언제나 든든한 지지자이긴 했지만, 먼저 나서서 제안한 것은 처음이었다. 기쁨도 잠시, 여행지에서 어떻게 독서모임을 해야 하나 고민되었다. 그냥 숙소에서 하려니 무언가 아쉽고, 야외에서 하려니 사람이 많아서 쉽지 않을 것 같았다.

머리를 맞대고 한참을 생각하던 중 들린 아내의 말. "그럼 고래책방이라고 강릉에 유명한 독립 서점이 있는데, 이번에 가 보려고 했거든? 거기서 하면 어때?" 올레! 아내의 한마디에 고래가 춤추듯 기뻤다. 아이들에게 이 소식을 전했더니 모두 좋다고 했다. 마침 공통 도서를 할 차례여서 둘째에게 책 선정을 부탁했다. 잔뜩 신난 둘째는 가는 날까지도 어떤 책을 골랐는지 비밀에 부쳤다. 그래서 더욱 궁금했다. 나중에 독서모임을 통해 궁금증이 풀렸다. 바로 둘째가 한결같이 사랑하는 엄마에 관한 이야기였다.

강릉은 내 고향이다. 비록 어릴 때 서울로 올라와 추억이 많지는 않지만, 여전히 마음 한 귀퉁이에는 그리움으로 남아 있다.

여행 첫날에는 신사임당과 율곡 이야기가 탄생한 오죽헌에 들러 고풍스러운 한옥의 미를 느꼈다. 숙소인 정동진 썬크루즈 호텔 근처에 있는 레일바이크를 타고 바닷가 주변 풍경을 눈에 담기도 했다.

2일 차에는 전부터 가고 싶었던 독립 서점 '한낮의 바다'를 방문했다. 책방 주인이 책을 추천하는 것으로 유명한 곳인데, 겉표지가 포장되어 있어 무슨 책인지 확인할 수 없었다. 둘째가 졸라서 한 권을 샀다.

매대에 놓인 책을 구경하던 중 조그마한 우체통이 보였고, 옆에는 글을 쓸 수 있는 책상이 있었다. "강릉은 모두 작가다"라는 표어로 강릉에 관한 엽서 한 장 분량의 글을 써서 우체통에 넣고 선정되면 책에 실린다고 했다. 참새가 방앗간을 그냥 지나칠 수 없듯이, 그리운 고향에 대한 마음을 담아 글을 써서 넣었다. 놀랍게도 몇 달 뒤에 내 글이 선정되었다는 연락이 왔고, 책이 집으로 배송되었다. 뜻하지 않은 선물이었다.

드디어 여행 3일 차에 고래책방에 갔다. 작은 서점일 줄 알았는데 지하 1층, 지상 4층 규모의 고래처럼 큰 공간이라 놀랐다. 서점, 베이커리, 카페, 세미나실 등이 자리한 복합 문화 공간이었다. 지하 1층에는 '강릉 이야기'라는 주제에 따라 강릉과 관련된 서적들이 빼곡히 들어차 있었다. 강릉이 문화 공간이 되길 바라며, 전문가가 엄선한 양질의 책을 배치했다는 벽에 걸린 문구만으로도 강릉에 대한 주인의 애정을 느낄 수 있었다.

1층의 카페와 베이커리에서는 음료와 빵을 주문해 간단히 요기했다. 직접 매장에서 반죽하고 굽는다고 했는데, 그래서인지 맛이 참 좋았다. 특히 체더치즈가 들어간 소시

지빵이 일품이었다. 2층에는 어린이 서점이 있었다. 넓은 공간에 다양한 그림책이 있었다. 때마침 고래에 관한 특별 전시회가 열리고 있어서 다양한 고래 영상과 책을 볼 수 있었다. 한쪽 구석에는 앉아서 책을 볼 수 있도록 넓은 책상과 의자가 놓여 있었다. 낮이어서 그런지 사람도 없어서 독서모임을 하기에 최적이었다. 3층 세미나실은 사전 예약을 해야만 이용할 수 있었다.

두근두근, 둘째는 내가 좋아하는 반달눈을 한 채 수줍게 책을 꺼냈다. 『돼지책』이라는 그림책이었다. 회사에 다니고 가정을 챙기느라 몹시 바쁜 엄마는 아무것도 도와주지 않는 피곳 씨와 두 아들에게 실망해 결국 집을 나가 버린다. 집에 남은 세 남자는 처음엔 자유롭다며 좋아했지만, 점점 집은 엉망이 되어 갔고 나중에는 밥도 제대로 먹지 못한다. 그렇게 집은 돼지우리가 되었고, 피곳 씨와 두 아들은 진짜 돼지가 된다. 그들은 엄마가 돌아오길 간절히 바라는데, 과연 소원이 이루어질까.

모임을 하면서 나도 아이들도 아내에게 미안한 마음이 들었다. 엄마, 아내, 직장인 세 가지 역할을 힘들게 하는데도 우리 역시 많은 도움을 주지 못했다. 그래서 각자 실천

할 수 있는 일을 찾기로 했다. 나는 벗은 옷 잘 걸어 두기와 먹은 컵 제자리에 두기를, 첫째는 공부 끝나고 책 제자리에 놓기와 아침에 벗은 잠옷을 빨래 통에 넣기를, 둘째는 밥 먹고 그릇을 싱크대에 두기와 가지고 논 장난감 제자리에 두기를 약속했다. 지금까지 잘 지켜지고 있는지는 비밀이다.

여행에서 한 독서모임은 가족 모두에게 신선한 경험이었다. 하지만 그때까지 몰랐다. 이것이 새로운 문을 여는 서막이었다는 사실을.

경주에서 한 독서모임

코로나19 때문에 여행이 쉽지 않던 2021년 여름, 휴가를 포기해야 하나 고민했는데 극적으로 갈 수 있게 되었다. 여행지는 경주였다. 지난번 좋았던 기억을 떠올리며 아내에게 슬쩍 물었다.

"여보, 이번에도 여행 중에 독서모임 하면 어때?"

"안 그래도 그러려고. 애들도 미리 공부하면 좋을 것 같아서 경주에 관한 책을 샀어. 여행 가기 전에 각자 읽고 그 책으로 독서모임 하면 어떨까?"

맙소사. 늘 나보다 한발 앞서가는 아내였다. 아내가 고른 책은 『천 년의 이야기를 품은 땅 경주』였다. 이번에도 서점에서 독서모임을 하고 싶었으나 마땅한 곳이 없었다. 그러다 한적한 곳에 있는 한옥 카페를 발견해 그곳에서 진행하기로 했다.

경주는 수학여행으로 간 적도 있었고, 특히 신혼 초에 아내와 둘이 여행한 곳이라 특별했다. 날이 상당히 더워 돌아다니기가 쉽지 않았지만, 문화 유적 덕분에 시간 여행을 하는 기분이 들어 힘든 줄도 몰랐다.

이번에도 지역의 유명한 독립 서점을 방문했다. 이름이 '어디에나 있는 서점 어디에도 없는 서점'이었다. 작은 공간 안에 책이 정리된 듯 정리되지 않은 모습이 인상적이었다. 책을 산 후 도장을 파서 나만의 책갈피를 만들 수 있는 특별한 이벤트가 있었다. 우리는 각자 마음에 드는 책을 골랐다.

여행 마지막 날에는 미리 봐 두었던 카페를 방문했다. 한옥의 분위기가 물씬 풍기는 예스러운 모습이 마음에 들었다. 우리는 『천 년의 이야기를 품은 땅 경주』를 돌아가면서 읽었다. 여행 중 방문했던 불국사, 석굴암, 천마총 등이 책에 모두 담겨 있었다. 책을 다 읽은 후 자연스레 여행 첫날 방문한 국립경주박물관, 동궁과 월지부터 여행 마지막 날 갔던 첨성대까지 복기했다. 자칫하면 그냥 잊을 뻔했던 순간을 책과 함께 이야기 나누니 기억에 오래도록 남았다. 여행을 가기 전에 책을 읽으며 예습하고, 직접 현장에서 눈으로 확인하고, 마지막에 독서모임으로 정리하니 이보다 좋을 수 없었다.

경주 여행에서 각자 좋았던 장소도 골라서 이야기했다. 아내는 보는 순간 영롱해서 빠져들었다는 석굴암을, 나는 예전 그대로의 모습을 간직한 양동 마을을 선택했다. 첫째는 빛과 어둠을 통해 경주의 역사를 체험할 수 있었던 경주 엑스포 대공원을, 둘째는 야경이 무척 아름다웠던 동궁과 월지를 골랐다. 각자 좋았던 이유도 구체적으로 나눴다. 독서모임을 마치고 뿌듯한 마음으로 서울에 돌아왔다. 여행 자체만으로도 설레고 특별하지만, 그곳에서 했던 독서모임은 평생 잊지 못할 추억이 되었다.

날이 참 좋은 가을이 찾아왔다. 코로나로 사람 북적이는 곳은 가기 힘들기에 가까운 곳으로 글램핑을 가기로 했다. 가서 무얼 할지 한참 동안 이야기를 나눴다. 고기를 불판에 구워 맛있게 먹는 생각, 탁 트인 자연 속에서 캠핑 의자에 앉아 한가로이 책을 읽는 상상, 밤에 장작불을 피워 '불멍'을 하고 싶은 소망 등으로 설렘을 꽃피우고 있는데, 둘째가 갑자기 물었다.

"아빠, 우리 이번에 캠핑 가서 독서모임 하는 거지?"

"당연하지. 이번에는 개별 도서니까 각자 읽을 책을 가져와!"

캠핑지에서 독서모임을 할 생각만으로도 너무 낭만적이었다. 어느덧 독서모임 여행은 우리 가족의 문화로 자리 잡았다. 떠나자 여행지로, 나누자 독서모임으로.

독서모임 여행 떠나는 법

1. 책 선정하기

자유롭게 선정해도 좋으나, 여행지와 관련된 책을 고르면 독서모임 진행에 훨씬 도움이 된다. 미리 그 지역을 공부할 수도 있고, 아이들이 여행을 더욱 기대하게 만들 수도 있다. 책 종류는 함께 다가가기 쉬운 그림책을 추천한다.

2. 책 읽기

여행 떠나기 전에 반드시 책을 미리 읽는 것이 중요하다. 여행지와 관련된 책을 읽은 후 책 안에 글자로만 존재하던 곳을 직접 눈으로 보면 그 감흥은 두 배 이상이다.

3. 독서모임 공간 찾기

책을 읽고 나누기 편한 카페나 서점을 찾으면 된다. 요즘은 지역마다 유명한 독립 서점이 존재한다. 독립 서점 자체로도 하나의 좋은 여행지가 되는데, 그곳에서 독서모임까지 한다면 더욱 특별한 경험을 얻을 수 있다.

tip. 사전에 서점이나 카페에 독서모임을 할 공간이 있는지 확인해야 한다. 독립 서점 같은 경우는 공간이 협소한 곳이 많아서 모임을 진행하기 어려울 수 있다.

4. 책 대화하는 법

여행 중 독서모임에서는 아이들이 주체가 되면 좋겠다. 여행과 관련된 책을 선정했다면 여행지와 책을 연관 지어 느낌이나 소감을 물어보자. 그러면 의미도 있고, 물 흐르듯 독서모임이 이어질 것이다. 아이들에게도 단순한 독서모임이 아니라 여행 전반을 돌아보고 정리하는 시간임을 강조하자.

5. 독서모임은 마지막 날에

가급적 독서모임은 여행 마지막 날에 하자. 책을 읽으며 여행 동안 다녔던 곳을 정리하고, 기억에 남는 순간을 함께 나누면 자연스레 여행을 마음에 담을 수 있다. 그저 좋은 곳을 보고 맛있는 음식을 먹는 여행에서 그치지 않고, 가족 모두에게 잊지 못할 추억이 될 것이다.

아이들의 흥미를 위한 이벤트

가족 독서모임 연말 시상식

 가족 독서모임에서 가장 신경 써야 할 부분은 아이들이 흥미를 잃지 않도록 하는 것이다. 책을 읽고 생각을 나누는 시간은 의미 있고 소중하지만, 때로는 아이들에게 부담이 될 수도 있다. 문득 지금까지 모임을 함께해 준 가족들에게 선물을 주고 싶었다. 골똘히 궁리하다가 연말도 다가오니 시상식을 하면 어떨까 하는 생각이 불쑥 떠올랐다. 영화제 시상식에서는 그간의 과정을 보여 주고, 좋은 작품을 선정하고, 소감을 나눈다. 이를 벤치마킹해서 가족 독서모임만의 연말 시상식을 준비했다. 아이들에게는 간단히 연말 쫑파티를 한다고만 알려 줬다.

드디어 모임 당일인 토요일이 되었다. 그동안 틈틈이 노트북에 모임을 진행했던 순간들을 정리했다. 매번 독서모임을 하고 난 후 블로그에 기록했다. 선물은 교보문고 '바로드림'을 통해 신청해 놓았다. 토요일 오전, 아이들이 학원을 간 사이에 부리나케 서점을 방문해 책과 카드를 챙겼다. 집에 돌아와 시상용 카드를 쓰고 책 포장을 시작했다. 워낙 곰손이라 몇 번의 실패 끝에 간신히 완성했다. 한숨이 절로 나왔다. 선물과 카드는 옷장 속에 몰래 숨겨 놓았다.

저녁을 먹고 거실 테이블에 모여 파티를 시작했다. 먼저 노트북으로 기록한 독서모임을 보여 줬다. 사진을 보며 그때를 떠올리고 자연스럽게 책 이야기도 나눴다. 일 년 동안 총 19번이나 모임을 했다. 장소도 집, 공원, 커피숍, 여행지 등으로 다양했다.

독서모임을 하면서 좋은 일이 많았다. 그토록 고대했던 원목 테이블도 샀다. 공간이 마땅치 않았던 우리 집에서 소중한 독서모임 장소가 되어 줬다. 딸은 독서 관련 상을 2개나 받았다. 학교에서 주관하는 독서 감상화 그리기 대회에서 수상했고, 독서 마라톤 대회에 참가해서 끝까지 완주해 입상했다. 아내는 바쁜 와중에도 학교 도서관에서 꾸준히 독서 자원봉사를 해서 감사장을 받았다. 아내의 노력이 아이들에게도 전해져 책에 더욱 관심을 두게 된 것 같아 고마웠다. 무엇보다 가족 간에 소통 창구가 만들어졌다는 점이 가장 좋았다. 이날 우리는 독서모임에 관한 이야기를 나눴다.

아빠) 가족 독서모임에서 읽은 책 중에 가장 인상 깊었던 작품은?

아들) 아빠가 추천해 준 『모래의 여자』란 책이 가장 인상 깊었어. 모래 속에 빠진 사람 이야기라는 소재도 독특했고, 설명을 들으며 긴박감과 긴장감이 느껴졌어. 나중에 기회가 되면 꼭 읽어 보고 싶어.

엄마) 독서모임에서 읽었던 그림책이 가장 기억에 남아. 전에는 그림책이나 동화책은 아이들이나 보는 책이라고 생각했는데, 막상 같이 읽어 보니 무한한 이야기가 담겨 있더라고. 지금은 찾아서 읽어 볼 정도로 관심이 생겼어.

딸) 엄마가 들려준 여행책 이야기가 인상 깊었어. 설명을 들으면서 그 도시들이 더 궁금해졌어. 나중에 기회가 되면 가족들과 함께 책에 소개된 곳을 모두 방문해서 눈으로 직접 확인해 보고 싶어. 그곳에서 독서모임을 해도 참 좋을 것 같고.

아빠) 강릉 '고래책방'에서 함께 읽은 『돼지책』이 가장 기억에 남아. 처음으로 여행지에서 한 독서모임이라 의미 있었고, 책을 읽으며 가족 모두가 엄마의 노고를 깊게 생각해 볼 수 있어서 좋았어. 그럼 이번에는 가족 독서모임을 하면서 느낀 점을 이야기해 볼까?

딸) 몰랐던 긴 책의 내용을 알게 되어 좋았지. 아빠, 엄마, 오빠가 이야기해 준 책 모두 흥미로웠고, 가족들이 함께 책을 읽는 시간은 늘 즐거웠어.

엄마) 이야기했듯이 책에 대한 편견을 버릴 수 있어서 좋았어. 나는 독서 편식이 있었는데, 모임을 통해 다양한 책을 알게 되면서 흥미가 생겼어. 생각의 지평도 넓히는 좋은 순간이었지.

아들) 나는 개인적으로 자율 도서를 읽었던 것이 좋았어. 특히 그동안 읽지 않은 어른들의 책을 소개받아 흥미로웠어. 나중에 크면 모두 읽고 싶어. 모임을 통해 가족들이 이야기 나누는 것도 좋았고.

아빠) 아빠는 한 가지 주제로 가족들과 편하게 이야기 나누는 시간이 정말 좋았어. 평소 막연하게만 생각했던 것을 서로의 관점을 나누며 점점 구체화하는 과정도 흥미로웠고. 그래서 기회가 된다면 오랫동안 가족 독서모임을 이어 가고 싶어.

 소감을 모두 나눈 후 본격적인 시상식에 돌입했다. 잠시 쉬는 시간 동안 옷장에 숨겨 둔 책과 카드를 가져왔다. 가족이 다시 모였을 때, 시상식을 한다니까 딸이 뛸 듯이 기뻐했다. 깜짝 선물은 언제나 정답이다.
 먼저 딸의 수상이 있었다. 딸은 '독서 발전상'을 받았다. 처음 시작했을 때는 한글도 잘 몰랐는데, 이제는 긴 책도 술술 읽는다. 무엇보다 모임에 가장 적극적으로 참여하고 있다. 선물로 정한 책은 그림책을 좋아하는 지인에게 추천받은 『이 세상 최고의 딸기』였다. 딸은 선물을 받고 내가 좋아하는 반달눈을 가득 띄워 주었다.
 다음은 아들 순서였다. 아들은 '기발한 질문상'을 받았다. 사실 독서모임에서 딴짓을 많이 하지만, 누구보다 재밌고 기발한 질문을 던져 주기도 했다. 가끔 분위기가 무거울 때 아들의 돌발 질문으로 가족 모두 활짝 웃을 수 있었다. 이제는 많이 커서 친구와 노는 것이 즐거울 때임에도 불구하고 불평 없이 참여해 준 속 깊은 아들이었다. 내

년에도 어떤 질문으로 우리를 당황스럽게 만들지 벌써 기대된다. 준비한 책은 아들이 평소 읽고 싶어 했던 『한국사 대모험』이었다.

마지막은 아내였다. 아내는 '깊은 감성상'을 받았다. 아내는 늘 상대방 이야기를 잘 들어 줬다. 그래서 부담 없이 말할 수 있는 분위기를 만들어 줬다. 진지한 모습으로 책 속에 담긴 보석 같은 의미를 찾아 우리에게 들려줬다. 덕분에 모임이 한층 깊이를 더했다. 무엇보다 바쁜 와중에도 일을 저지르는 남편의 제안을 불평 없이 받아 주고, 힘든 길을 함께 가 준 것이 고마울 따름이었다. 아내에게 선물한 책은 『마흔에게』였다. 일과 가정을 돌보느라 힘든 마흔을 보내고 있는 아내가 이 책을 통해 조금이나마 위로를 받았으면 좋겠다는 마음으로 준비했다.

모든 시상이 마무리되고 화기애애한 분위기에서 수다를 나누고 있을 때, 딸이 펜을 들고 방으로 사라졌다. 그리곤 이내 나타나 아빠를 위한 멋진 상장을 내밀었다. 힘든 와중에도 독서모임에 웃음을 준 아빠에게 상장을 준다는 말에 울컥했다. 세상에 이보다 좋은 상이 또 있을까. 어쩜 마음속에 이렇게 사랑과 배려가 가득할까. 딸 덕분에 우리 모두 상을 받을 수 있었다.

모임을 마칠 무렵, 딸이 제안했다. 선물로 받은 책을 우리에게 읽어 주고 싶다고 했다. 그리곤 소리 내어 책을 읽었다. 다 읽고는 다음 독서모임 책으로 정하면 어떠냐고 물었고, 모두가 좋다고 했다.

가족 모두가 각자 방으로 사라진 뒤 혼자 테이블에 앉아 이런저런 생각에 잠겼다. 처음에는 조금 무모한 도전이라 생각했는데, 이렇게 모두가 사랑하는 모임이 되었다니 뿌듯했다. 앞으로 좀 더 다양한 책을 함께 읽고 싶다는 욕심도 생겼다. 무엇보다도 꾸준히 모임을 유지하도록 더욱 노력해야겠다고 마음속으로 다짐했다.

내년에는 또 어떤 책이 우리에게 다가와 즐겁게 만들까. 상상만으로도 설레고 기쁜 감정이 눈앞에서 구름처럼 둥둥 떠다녔다. 사실 아직 가족들에게 공유하지는 않았지만, 새로운 도전도 꿈꾸고 있다. 바로 가족 독후감 대회에 참가하는 것이다. 응모할 수 있는 대회를 열심히 찾고 있다. 물론 모두가 동의해야 가능한 일이다. 만약 참여하게 된다면 가족 독서모임으로 만드는 또 하나의 좋은 추억이 될 것이다.

독서모임의 소소한 재밋거리

독서모임을 반복하다 보면 자칫 지루함에 빠질 수 있다. 이때 새로운 재밋거리를 찾으면 모임에 활력을 불어넣을 수 있다. 몇 가지를 추천하면 다음과 같다.

1. 도서관 검색하기
집 근처 도서관을 검색해 보면 다양한 활동을 찾을 수 있다. 저자를 직접 모시고 진행하는 북 토크나 독서모임뿐 아니라 책에 관한 다양한 강좌, 독서 마라톤 대회 등에 가족이 함께 참여해 보자. 다양한 정보도 얻고 의미도 나눌 수 있는 좋은 시간이 될 것이다.

2. 독후감 대회 참가하기
매년 다양한 독후감 대회가 열린다. 그중에는 아이부터 어른까지 참여할 수 있는 대회도 있다. 가족 독서모임에서 읽은 책으로 참여하면 더욱 의미가 있을 것이다. 더불어 수상까지

한다면 독서모임의 큰 동력이 되어 줄 것이다.

예시)
'구로가족 독후감 대회'는 4년째 운영되고 있는데, 구로구 온라인 도서관 '지혜의 등대' 회원이면 참여할 수 있다. 단, 이름에서 알 수 있듯 개인이 아니라 가족 구성원 중 2인 이상이 참여해야 응모할 수 있다.

3. 틈틈이 이벤트 준비하기
소소한 이벤트도 모임에 활력을 준다. 중간에 서로 책을 교환하는 행사나, 연말 독서모임 시상식 등을 통해 가족 모두가 독서모임에서 보상을 받는다면 참여 의지를 더욱 공고히 할 수 있다.

가족 독서모임을 넘어

독서 마라톤부터 야외 모임까지

가족 독서모임을 하다 보면 다른 활동으로 이어지는 경우가 종종 있다. 그중 몇 가지를 소개한다.

어느 날 둘째가 학교를 마치고 돌아와 다급하게 아내와 나를 찾았다. 가방에서 무언가 꺼내더니 우리 앞에 내밀었다. 학교 도서관에서 주최하는 '가족 독서 마라톤 대회' 신청서였다. 마라톤이라면 밖에서 뛰는 것만 알았지, 독서 마라톤은 그때 처음 들었다. 자세히 살펴보니 한 학기 동안 가족 모두가 참여해서 만 페이지 읽기를 달성해야 했다.

과연 할 수 있을까 주저하고 있을 때, 둘째는 두 눈에 별을 담아 반짝이며 할 수 있다는 의지를 뽐냈다. 둘째를 믿고 신청하기로 했다. 그때부터 가족 독서모임에서뿐만 아니라 개별적으로도 열심히 책을 읽기 시작했다. 그 과정에서 둘째가 어찌나 꼼꼼히 상황 체크를 하던지 수시로 읽은 책의 페이지를 점검하며 우리를 독려했다.

결국 학기가 끝나 갈 무렵 만 페이지를 달성했다. 둘째가 학교에서 받아 온 완주 상장을 보니 참으로 뿌듯했다. 액자에 넣어서 눈에 가장 잘 띄는 책장 앞에 한동안 붙여 놓을 정도로 우리 가족의 자랑거리가 되었다. 다만 부작용 아닌 부작용도 있었으니, 아이가 매년 하자고 졸라서 책과의 전쟁을 치러야 했다. 덕분에 그 기간 어느 때보다도 책을 많이 읽었다. 지금 와서 돌이켜 보니 가족 독서모임을 하지 않았다면 절대 도전할 수 없는 일이었다.

독서모임에서 다뤘던 책이 영화로 만들어졌거나, 유사한 줄거리의 영화가 있다면 가족이 함께 보면서 색다른 재미를 느낄 수도 있다. 첫째가 모임에서 『로빈슨 크루소』를 소개한 적이 있다. 배가 난파되어 무인도에 갇힌 남성의 이야기인 그 책을 모티브로 만든 영화 「캐스트 어웨이」

를 이야기했더니 보고 싶다고 성화였다.

　가족 독서모임을 마치고 집을 작은 영화관으로 꾸몄다. 서랍에서 이동식 빔 프로젝터를 꺼내 하얀 벽에 쏘았다. 편의점에서 팝콘도 사 와서 완벽하게 영화 관람 준비를 마쳤다. 거실 테이블 뒤로 의자를 배치하고 영화를 보기 시작했다. 책과 유사하거나 다른 점을 비교하면서 보니 더욱 흥미로웠다.

　가족 독서모임에서 무인도에 혼자 남게 된다면 어떨지 이야기를 나눴는데, 비록 영화지만 생생한 현실을 맞닥뜨리니 몰입이 잘되었다. 책의 내용을 온전히 이해하기 어려웠던 둘째도 영화를 통해 우리가 나눈 이야기가 무엇을 뜻하는지 알게 되었다. 아직 어른 책을 받아들이기 어려운 아이에게 영화를 통해서 알려 주면 좋겠다 싶었다. 그때부터 책과 관련된 영화가 있으면 미리 찾아봤고, 모임이 끝나면 자연스레 영화를 보는 활동이 종종 이어졌다.

　하루는 날이 참 좋았다. 하늘은 드넓고 주변에는 알록달록 단풍이 우거졌다. 가족 독서모임을 하려고 준비하던 주말 오후, 둘째가 일어나자마자 거실 커튼을 열었다.

　"아빠, 밖에 봐 봐. 너무 예뻐!"

이미 엉덩이가 들썩거리는 둘째를 바라보니 도저히 집에서 독서모임을 할 자신이 없었다.

"우리 밖에 나가서 독서모임 할까?"

"정말? 좋아. 좋아!"

아내와 첫째에게도 이야기했더니 마치 기다렸다는 듯이 좋다고 했다. 돗자리와 물, 간식거리를 챙겨서 가을로 향했다. 이미 안양천에는 사람들로 가득했다. 우리는 들판 한구석에 자리를 잡았다. 바람은 솔솔 불어오고, 책을 소개하는 목소리에는 왠지 모를 설렘이 묻어 있었다.

마치 꿈같은 장면이었다. 아이들과 야외에서 독서모임을 하게 될 줄이야. 물론 집에서보다 집중력은 떨어졌지만, 모임이 끝난 뒤 첫째와 농구도 하고 둘째와는 잡기 놀이도 하며 여유를 만끽했다. 그래도 돌아가려니 아쉬워서 피자와 치킨까지 시켜 소풍도 즐겼다.

그날 이후 아이들은 종종 야외 독서모임을 요청했다. 모임은 집에서만 가능하리라 생각했는데, 그때부터 생각이 바뀌었다. 야외건, 분위기 좋은 카페건, 여행지건 어디든 장소만 있으면 되었다. 솔직히 집이라는 공간에서 계속하다 보면 어느 순간 지루함이 찾아오곤 한다. 이때 공간만 바꿔

줘도 큰 효과가 있었다. 어쩌면 다양한 공간 활용이 지금까지 모임을 이어 올 수 있는 일등 공신인지도 모르겠다.

가족 독서모임에서 이어진 몇 가지 활동을 소개했다. 아직 시작하지 못했지만, 가족 모두가 독후감 대회에 꼭 참가해 보고 싶다. 우선은 버킷 리스트에만 담아 놓았는데, 적당한 시기에 공표할 예정이다. 찾아보니 어른과 아이가 함께 참가할 수 있는 곳이 많았다. 대회 지정 도서를 가족 독서모임 책으로 정한다면 부담도 없고, 모임 후에 바로 독후감을 써서 제출하면 시간을 따로 낼 필요도 없다. 올해는 어렵겠지만 내년쯤에는 꼭 도전할 계획이다.

이렇게 다양한 활동과 연계하면 모임이 훨씬 풍성해지고, 또 다른 즐거움을 찾는 계기도 된다. 게다가 가족 독서모임을 계속 이어 가게 만드는 원동력을 얻을 수도 있다. 앞으로 우리 앞에 얼마나 재밌는 활동들이 더 펼쳐질까. 가족 독서모임은 러시아 인형 마트료시카 같다. 까면 깔수록 새로운 선물이 가득 담겨 있으니 말이다.

'한별 가족 독서모임'이 기사에 실리다

독서모임을 통해 크고 밝은 별이 되기를

4월의 어느 화창한 날이었다. 선배와 북한산 정상에 막 다다랐을 때였다. 모르는 번호로 연락이 왔다. 누굴까 궁금했지만, 혹여나 스팸인가 싶어 받지 않았다. 하지만 포기할 줄 모르고 내 전화기를 계속 두드렸다. 결국 수신 버튼을 누르고 말았다.

"안녕하세요, 신재호 님 맞으시죠. 지금 잠깐 통화 가능하신가요?"

"아, 네. 그런데 누구시죠?"

"저는 국립어린이청소년도서관 「도서관 이야기」에서

편집을 맡고 있는 ○○○입니다. 저희 코너 중에 독서모임을 소개하는 곳이 있는데, 가정의 달을 맞이해서 선생님의 가족 독서모임을 소개하고 싶습니다."

얼떨떨했다. 씩씩한 편집자님의 목소리가 전화기를 넘어 산 정상까지 울려 퍼지는 듯했다. 좀 더 구체적으로 설명해 주니 그제야 안심이 됐다. 아내와 아이들과 상의해 결정하겠다고 답했다. 편집자님은 메일로 전에 실린 기사와 사업 취지 등을 함께 보내 주겠다고 했다. 생각해 보니 얼마 전 국립어린이청소년도서관에서 가족 독서모임에 관심이 있다며 메일이 왔던 기억이 났다. 그때 연락처를 알려 달라기에 보내 줬는데, 진짜 연락이 올 줄은 몰랐다.

산에서 내려온 뒤 선배와 저녁을 먹고 집으로 향했다. 메일에 어떤 내용이 있을지 내내 궁금했다. 도착하자마자 메일함을 열었다. 정말 예전에 실린 기사들이 있었다. 하나씩 꼼꼼히 읽어 봤다. 새롭고 신선한 독서모임을 소개하는 기사였기에 우리 이야기가 담겨도 괜찮겠다는 생각이 들었다. 우선 아내와 아이들을 거실로 불렀다. 메일을 보여 주며 이런 제안이 왔는데 어떠냐고 물었다. 아내와 둘째는 좋다고 했다. 특히 둘째는 기사에 실릴 수 있다는 사실에 무척 흥분했다. 문제는 첫째였다.

"사진에 내 얼굴도 나오는 것 아냐? 나는 싫은데."

한창 사춘기 터널에 진입한 첫째는 주변 시선에 민감했다. 가족 모두가 동의하지 않으면 진행할 수 없었다. 가족 대화가 필요한 시점이었다.

아빠) 그러면 어떻게 할까? 다수결로 정할 수도 없고. 우리 모두의 모임이니 한 명이라도 동의하지 않는다면 진행할 수 없을 것 같네.

엄마) 나도 첫째가 동의하지 않는다면 기사에 실리는 것은 반대네요.

딸) 나는 꼭 나오면 좋겠는데. 오빠, 잘 좀 생각해 봐.

대화는 무게를 잔뜩 진 수레처럼 도통 진전이 없었다. 가족 독서모임을 하면서 생긴 큰 변화 가운데 하나가 바로 무언가를 정할 때 가족끼리 상의하게 되었다는 점이다. 전에는 주로 엄마 아빠가 정하면 아이들은 따를 뿐이었다. 그런데 이제는 사소한 문제라도 함께 나누고 고민한다. 그 자체가 아이들에게는 좋은 공부였다.

나는 편집자님이 보내 준 메일을 출력해서 가족들에게 보여 줬다. 어느 곳에 실리고, 구체적인 내용은 어떨지를 공유했다. 첫째는 진지한 모습으로 읽기 시작했다. 그리곤 아까보다 훨씬 표정이 밝아졌다.

아들) 뭐, 생각보다 사진도 작게 나와서 잘 보이지 않네. 내용은 괜찮은 것 같은데? 알았어. 나도 동의할게. 대신 내 얼굴은 최대한 안 나오게 해 줘. 알았지?

딸) 진짜? 와, 신난다. 오빠가 한대!

첫째에게 고마웠다. 나름 쉽지 않은 결정이었을 텐데 허락해 줬다. 사진이 작게 나온다는 점도 한몫했겠지만, 그보다는 다른 독서모임 내용이 좋았던 것 같다.

이제 필요한 것은 A4 2장 분량의 소개 글, 독서모임 이름, 사진 3장이었다. 당시 나는 출판사에서 공저로 책을 쓰고 있었다. 그중에는 가족 독서모임을 소개하는 꼭지에 넣기 위해 미리 작성해 둔 내용도 있었다. 출판사 대표님에게 연락을 드리고, 그 원고를 활용해도 되는지 양해를 구했다. 대표님은 좋은 일이라며 흔쾌히 허락해 줬다. 처음 독서모임을 하게 된 계기, 모임을 하면서 뜻깊었던 순간, 기억나는 일 등을 찬찬히 정리했다.

사진은 꾸준히 기록해 놓은 덕에 고르기가 어렵지 않았다. 최대한 첫째가 나오지 않은 사진을 선택했다. 둘째는 반드시 독사진을 넣고 싶다고 해서 본인이 직접 골랐다. 역시나 늘 적극적인 태도로 독서모임에 활력을 불어넣는 둘째다웠다.

문제는 가족 독서모임 이름이었다. 여태껏 별다른 이름이 필요하다고 생각하지 못했었다. 또다시 가족 모두가 모여 머리를 맞댔다. 한참을 고민하다가 순우리말이 어떠냐고 제안했다. 요즘 들어 순우리말 간판이 종종 눈에 띄었는데, 참신하면서도 의미가 깊었다. 다들 좋다고 했다. 그때부터 인터넷으로 순우리말 이름을 찾기 시작했다. 하람(꿈의 뜻), 한울(우주), 해샘찬(샘에 가득 찬 햇빛), 난길(밝고 환한), 다솜(사랑) 등등 순우리말 조합으로 만들어진 단어가 이렇게나 많은 줄 몰랐다. 하나같이 예쁘고 뜻도 좋아서 결정하기 힘들었다. 그때 아내가 손가락으로 하나를 가리켰다.

"한별 어때? 크고 밝은 별이라는 뜻이래. 발음하기도

좋고, 우리 가족 모두가 독서모임을 통해 반짝이는 별이 되었으면 좋겠다는 의미를 담을 수도 있으니 좋은 것 같은데."

한별. 부를수록 입에 척척 붙었다. 아내가 말한 의미도 생각할수록 좋았다. 가족 모두 동의했다. 2년 만에 우리 가족 독서모임의 이름이 생긴 순간이었다. 가슴이 벅차올랐다. 처음에는 그저 가족이 함께 책을 읽으면 좋겠다는 생각으로 시작한 모임이었다. 그런데 막상 이름까지 생기고 나니 이제는 정말 오래오래 모임을 지켜 나가야겠다는 결의가 샘솟았다.

원고, 이름, 사진 모두 완료되었다. 편집자님에게 메일과 문자를 보냈다. 확인 후 수정 사항이 있으면 다시 연락을 주기로 했다.

한 달여쯤 지났을까. 집에 와 보니 우편물이 도착했다. 국립어린이청소년도서관에서 보낸 것이었다. 서둘러 열어 봤다. 정말 '한별 가족 독서모임' 이야기가 담겨 있었다. 무엇보다 독사진이 실린 둘째가 가장 기뻐했다. 나에게 읽어 달라고 해서 즉석 낭독회도 가졌다. 첫째도 크게 내색하지는 않았지만, 입가에 떠오르는 미소만으로도 답을 얻을 수 있었다. 다들 기뻐하는 모습을 보니 모임을 시작하길 잘했다는 생각이 새삼 들었다.

도서관에서 책을 세 권이나 보내 줬다. 양가 부모님 댁에 한 권씩 보내 드렸는데, 얼마나 뿌듯했는지 모른다. 이후에도 부모님들은 종종 독서모임에 관해 묻는 등 든든한 지원군이 되어 주셨다. 기쁜 마음에 SNS에도 소식을 알렸고, 많은 분이 축하해 줬다. 무엇보다 가족 독서모임을 해 보고 싶다는 글이 많아서 기뻤다. 마치 내가 가족 독서모임 전도사가 된 것 같았다.

「도서관 이야기」에 기사가 실린 후 가족들의 태도도 변했다. 전에는 그저 많은 모임 중 하나로 가볍게 생각했다면 이제는 반드시 참여해야 하는 것으로 인식하는 듯했다. 가족들의 진지한 모습에 입가에는 옅은 미소가 번졌다. 이번 사건은 모임을 한 단계 성장시키는 주춧돌이 되었다. 앞으로 모임을 하면서 또 어떤 신나는 일이 생길까. 상상만으로도 구름 위에 오른 듯 설렜다.

일곱 빛깔 독서모임

저마다의 빛깔로 어우러지는 시간

둘째가 막 자전거 타는 법을 배웠을 무렵이다. 주말 오전 내내 비가 추적추적 내렸다. 며칠 전부터 설레는 마음으로 나와 같이 공원에서 자전거 탈 기대감에 부풀어 있던 둘째의 실망한 얼굴을 마주하니 내 기분도 우울해졌다. 괜스레 떨어지는 비만 원망스럽게 바라봤다. 그리곤 속으로 빌었다. '비님, 어서 멈춰 주소서.'

기도가 하늘에 닿은 것일까. 오후가 되자 거짓말처럼 비가 그쳤다. 둘째는 내가 좋아하는 반달눈을 가득 뜬 채 나가자고 재촉했다. 보호 장비를 착용한 뒤 마른걸레를 하나

들고 근처 따릉이 거치대로 향했다. 걸레로 안장을 닦고 딸과 함께 근처 공원으로 가 자전거에 올라탔다. 빗물이 스며들어 군데군데 만들어진 웅덩이가 하늘빛을 받아 별처럼 반짝거렸다. 불어오는 바람을 맞으며 우리는 계속 앞으로 달렸다. 장거리 운행이 처음인 둘째는 금세 지쳤다. 잠시 그늘에 자전거를 세우고 쉬었다. 그때였다.

"아빠, 저거 무지개 아니야?"

"어디?"

"저기. 저기 좀 봐 봐."

정말 회색빛 구름 사이로 무지개가 반원을 그리며 떠 있었다. 얼마 만에 보는 무지개인지 모르겠다. 어린아이처럼 둘째와 손을 맞잡고 와 하는 감탄사를 쏟아 냈다. 우리는 자전거도 잊은 채 한참이나 넋 놓고 무지개를 바라봤다.

돌아오는 길. 왜 그런 생각이 들었는지 모르겠지만, 우리 가족 독서모임도 일곱 빛깔 무지개 같다고 느꼈다. 빨강, 주황, 노랑, 초록, 파랑, 남색, 보라색이 한데 어우러져 멋진 하모니를 이뤘다.

먼저 둘째는 우리 모임을 강렬하게 촉진하는 빨강과 밝은 분위기를 만드는 노랑을 담당하고 있다. 독서모임 하는 날이면 가장 먼저 테이블에 앉아 우리 가족을 재촉한다.

"엄마, 아빠, 오빠 빨리 와. 독서모임 해야지. 올 때 꼭 책 가져오고."

특히 첫째가 조금이라도 꾸물거리면 달려가 팔을 붙잡고는 기어이 테이블에 앉힌다. 독서모임에서는 질문하는 시간이 돌아오기 무섭게 손을 번쩍 든다.

"내가 먼저 질문할게. 이 책을 읽으면서 가장 인상적인 장면은 뭐였어?"

보통 한 가지 정도 질문을 하는데, 둘째는 늘 그 이상을 한다. 궁금한 것도 많고, 서로 주고받는 대화 자체를 좋아한다. 분위기가 조금 가라앉고 느슨해질 때쯤이면 정신을 번쩍 들게 만든다.

"아빠, 모임 하는데 자꾸 핸드폰 볼래? 경고 하나야. 오빠도 졸지 말고 집중해."

그래도 안 되면 의자에서 일어나 막춤을 추며 밝은 분위기를 만들어 준다. 마지막 소감 발표에서도 늘 긍정적인 답변과 다음에 꼭 다시 하고 싶다는 말을 빼놓지 않는다. 언제나 힘이 되고 든든한 둘째다.

다음으로 아내는 따듯함을 선사하는 주황과 때론 진지

함으로 모임의 무게를 더하는 남색을 담당한다. 아내는 배려심이 많고 어떤 말이든 공감하고 수용한다.

"정말 좋은 질문이야. 우리 가족 모두 생각해 보면 좋겠어. 이런 생각까지 하고 대견하네."

때론 진지한 주제를 던져 주기도 한다.

"솔직히 줄거리를 들으면서 화가 났어. 시대가 많이 지났음에도 여전히 차별이 존재하다니. 이 부분은 꼭 짚고 넘어갔으면 좋겠어. 혹시 각자 생활하면서 직접 경험했거나 본 적이 있으면 이야기해 볼래?"

아내 덕분에 사회적 이슈나 문제도 모임에서 꺼내 나눌 수 있는 계기가 마련된다. 모임이 풍성해졌달까. 어떤 의견이든 수용해 줌으로써 각자가 의견을 솔직히 이야기할 수 있는 장을 만든다. 아내만이 가지고 있는 색이었다.

첫째는 다소 냉소적이면서 지적인 파랑과 엉뚱하면서도 기발한 보라색을 담당하고 있다. 모임 할 때 한발 뒤로 빠져 소극적이면서도 툭툭 던지는 한마디로 우리를 놀라게 한다.

"다들 그렇게 좋은 면만 보는데, 나는 생각이 좀 달라. 주인공이 착해서 그렇게 매번 당했다고 이해하고 넘어갈 순 있지만, 그건 옳지 못해. 차라리 적극적으로 대변하고 맞서야 바뀔 수 있는 것 아냐?"

늘 비판적 시각으로 바라보며 사물의 다른 면도 생각해 보는 계기를 만들어 준다. 이는 결국 첫째도 모임에 집중하고 있다는 뜻이다. 딴생각하는 듯 보여도 결정적인 순간엔 촌철살인 발언으로 모두를 놀라게 한다.

가끔은 엉뚱한 말로 웃음을 주기도 한다.

"혹시 책의 주인공처럼 누군가를 오해한 경험이 있으면 나눠 줄래?"

"오늘 바로 아빠의 오해 때문에 매우 큰 피해를 봤어. 오전 내내 힘들게 종이비행기를 만들었더니 아빠가 바닥에 떨어졌다는 이유만으로 쓰레기로 간주해서 버렸잖아. 아빠의 오해로 나의 소중한 시간과 정성이 모두 날아갔어. 반드시 피해 보상을 해 주길 바라. 고민해 봤는데 모임 끝나고 배스킨라빈스에서 민트 초콜릿 아이스크림을 사 오도록."

숙제는 안 하고 내내 종이 접으며 딴짓하더니 너덜너덜한 종이비행기를 버렸다고 모임 질문과 연관 지어 결국 아이스크림을 받아 냈다. 덕분에 가족 모두 시원한 아이스크림으로 더위를 날릴 수 있었다. 그러고 보면 첫째가 고단수였다.

마지막으로 나는 모임이 평화롭게 이루어질 수 있도록 언제나 노력하는 초록을 담당한다. 벌써 모임이 햇수로 5년 차가 되었다. 그동안 모임을 운영하며 겪은 고난과 역경을 어찌 말로 다 풀어낼 수 있을까. 가족이라서 더 어렵고 힘든 점도 많았다. 조금이라도 흥미가 떨어질까 봐 연말 시상식도 하고, 꾸준한 관심을 유도하기 위해 일반 도서뿐 아니라 만화책이나 그림책을 도입해 새로운 시도도 마다하지 않는다.

혹여나 가족끼리 사이가 나빠지면 모임을 아예 할 수가 없기에 평화 유지군이 되어 마음도 챙긴다. 모임 시에는 리더로서 원활하게 진행되도록 적절한 질문과 주제도 던져야 한다. 초록빛 숲과 나무처럼 굳건히 제자리에서 버텨주는 것이 나의 가장 큰 역할이다.

이렇게 무지개로 가족 독서모임을 표현해 보니 각자가 자기 자리에서 최선을 다해 줬기에 4년이 넘도록 유지될 수 있었음을 깨달았다. 새삼 고맙고 또 감사하다. 독서모임을 했기에 알 수 있었던 빛깔이기도 하다. 언제나 만나면 설레고 반가운 무지개처럼 가족 독서모임이 일곱 빛깔을 뽐내며 오래도록 유지되길 간절히 바라본다.

모두가 운영자가 되길 꿈꾸며

함께 모임을 운영하면 얻는 것들

'하나의책' 독서모임에 참여한 지 벌써 5년째다. 그동안 생긴 가장 큰 변화는 초창기부터 함께한 회원 모두가 이제는 독서모임 운영자로 활약하고 있다는 점이다. 심리학을 전공한 김정란 회원은 심리 독서모임을 운영하고 있고, 일 년에 백 권 이상 책을 읽던 다독가 은가람 회원은 테마 독서모임 등 다양한 모임을 이끌고 있다. 어색한 표정으로 모임에 참여했던 게 엊그제 같은데, 이렇게 성장한 모습이 놀랍고 자랑스럽다.

나 역시도 가족 독서모임에서 운영자로 활동하고 있다.

내 역할은 다양하다. 모임 날짜를 미리 가족들에게 알리고, 공통 도서로 진행할 때는 책 선정도 해야 한다. 모임 중에는 원활하게 진행될 수 있도록 가족들의 답에 적절하게 피드백하고 질문거리를 찾는다. 모임이 끝나면 과정을 정리해서 블로그에 올린다. 시작부터 끝까지 손이 안 가는 곳이 없다.

가족끼리 하는 모임이니 어렵지 않으리라 생각하기 쉬우나, 직접 해 보면 만만치 않음을 알 수 있을 것이다. 그래서 책을 읽어 오지 않거나, 모임 중에 집중하지 않는 모습을 보면 속상한 것도 사실이다. 최대한 감정을 드러내지 않으려 노력해 봐도 어쩔 수 없이 비집고 나온다.

그러다 어느 날 불현듯 생각 하나가 스쳐 지났다. '가족 모두가 돌아가면서 리더가 되면 어떨까? 그러면 좀 더 책임감을 느끼고 참여할 수 있겠지?' 언제나 모임에서 가장 적극적인 둘째에게 슬쩍 물어봤다.

"딸, 이번 모임이 공통 도서인데, 직접 진행해 보면 어떨까?"

"내가? 어떻게 하는 건데?"

"아빠가 하는 것처럼 함께 읽을 책도 고르고, 모임을 할 때는 반장처럼 진행하는 역할이야."

"아빠처럼 나중에 기록도 해야 해?"

"아니. 그건 아빠가 할게."

"알았어. 해 볼게."

역시 언제나 힘이 되는 둘째였다. 고민하는 둘째 곁에서 함께 공통 도서를 골랐다. 그림책 『위험한 책』이었다. 드디어 모임 당일, 둘째는 다소 상기된 모습으로 가족들을 직접 찾아가 독서모임 소식을 알렸다. 안내에 따라 저녁을 먹은 후 테이블에 모였다.

부끄러운지 볼이 빨갛게 변한 딸은 『위험한 책』을 우리에게 보여 주며 어떤 느낌이 드는지 물었다. 기존에 없던 참신한 시작이었다. 내가 진행할 땐 먼저 책을 돌아가면서 읽었는데, 책 표지에 관한 이미지를 묻는 것이 신선했다. 가족들도 흥미를 갖고 답했다. 그리곤 큰 소리로 돌아가면서 읽게 시켰다. 우리는 둘째의 진행 덕분에 조금씩 모임에 스며들었다.

둘째의 약진에 경계심이라도 가진 것인지 평소 삐딱하게 행동하던 첫째도 그날따라 진지하게 임했다. 마냥 어리게만 봤는데, 질문 시간에도 적절하게 피드백을 했다.

딸) 책 속 세상에서 꽃 키우기가 금지된 이유는 무엇일까요?

아빠) 꽃 때문에 세상이 위협을 받아서 아닐까?

딸) 요즘 코로나처럼 전염병으로 사람들이 아프거나 죽었던 경험을 말하는 거지? 오빠는 어떻게 생각해?

아들) '위험한 책' 속 세상은 분명 우리가 사는 곳이랑은 다르지만, 비슷한 상황이 있었던 것은 분명해. 꽃이 세상을 위협하는 존재였기에 금기시했겠지.

딸) 결국 오빠도 아빠랑 생각이 비슷한 거네. 그럼 마지막으로 엄마는 어때?

엄마) 나는 조금 다른 생각이야. 세상 자체가 무미건조해서 꽃을 통해 사람들이 희망에 찰까 봐 그런 감정을 통제하려고 금지한 것 같아.

딸) 엄마 생각을 들어 보니 그럴 수도 있겠네. 와, 재밌다.

어찌나 적절하게 반응하는지 매끄러운 도로를 지나는 것처럼 모임이 잘 진행되었다. 속으로 '이렇게 잘하는데 기회를 주지 않았으면 어떡할 뻔했나' 하는 생각마저 들었다. 둘째는 마지막 소감을 나누는 자리에서도 처음에는 진행하는 것이 어색하고 부끄러웠지만, 막상 해 보니 즐거워서 다음에 또 하고 싶다며 자신감을 비쳤다.

나는 모임 말미에 앞으로 돌아가면서 모임 운영자가 되어 보면 어떠냐고 제안했다. 둘째의 모습을 봐서인지 다들 긍정적으로 답했다. 나중엔 아예 기록하는 일까지 돌아가면서 하면 어떨까 싶었다.

진행자가 되면 모임의 처음부터 끝까지 계속 집중해야 한다. 반응 하나하나에도 적절한 피드백을 줘야 하고, 수시로 분위기를 살펴서 뜨면 가라앉히고 무거우면 가볍게 만들어야 한다. 단순한 독서모임 참여를 넘어 마치 오케스트라 지휘자처럼 전체를 아울러야 한다. 이 과정에서 아이들은 자연스레 책임감과 리더십을 배울 수 있다. 안전한 가족 내에서 연습한다면 학교생활이나 더 나아가 사회에서도 큰 도움이 될 것이다.

전체를 기록하는 일은 글쓰기와 연관된다. 모임에서 나왔던 대화를 정리할 뿐 아니라 자신의 주관적인 느낌이나 생각도 담아야 해서 자연스레 글쓰기가 늘 수밖에 없다. 내 경험에 비춰 보면 기록을 정리하는 시간이 모임 하는 시간과 별 차이가 없을 정도로 정성과 노력이 필요했다. 글쓰기가 다방면으로 강조되는 요즘, 아이에게 좋은 기회가 될 것이다.

  아무리 무거운 짐이라도 나누면 반이 된다. 그간 혼자 짊어져야 한다는 부담이 있었는데, 이렇게 나누고 나니 마음도 한결 가벼워졌다. 생각해 보니 가족 독서모임 자체가 함께 만들어 가는 과정이었다. 다음 모임은 첫째에게 맡겨 볼 예정이다. 개성 강한 아이가 어떤 모임을 만들어 줄지 궁금하다. 각자의 색깔이 독서모임에 묻어나 어떻게 꽃피울지 앞으로가 기대된다.

가족 독서모임 운영자의 역할

1. 모임 공지하기
최소한 일주일 전에는 카톡이나 문자로 공지한다. 특히 개별 도서로 진행할 경우, 모임 전까지 반드시 책을 모두 읽고 질문거리 한두 가지를 생각해 오도록 한다.

2. 책을 공부하기
공통 도서라면 저자와 핵심 주제 등을 미리 파악해 둔다. 이를 모임 시에 구성원에게 알려 주면 호기심을 유발하고 참여 동기를 강화할 수 있다. 아이 나이에 따라 책을 선정하면 더 효과적이다. 초등학교 저학년까지는 글이 적은 그림책을, 초등학교 고학년 이상부터는 청소년 필독 도서 등 글밥이 어느 정도 있는 책을 고르면 좀 더 수월하게 운영할 수 있다.

3. 모임 진행하기
한 명에게 발언권이 몰리지 않도록 적절하게 배분하고, 소외

되는 가족이 있으면 참여하도록 독려한다. 이를 위해 초반에는 구조화된 모임으로 운영하는 편이 낫다. 모임 구성원이 각자 질문하고 한 명씩 돌아가면서 답하면 모두가 참여할 수 있다. 모임을 마치면 반드시 소감을 나누되, 긍정적이거나 부정적인 의견 모두를 존중하고 리더가 정리하는 말로 마무리한다.

4. 모임 기록하기

노트에 간략하게 필기한 후 개인 SNS에 과정을 정리해서 올린다. 기승전결 구성으로 모임의 시작과 진행 과정 및 질문거리들을 요약하고, 마지막에는 독서모임을 한 소감도 반드시 기록한다. 자세한 기록 방법과 예시는 100쪽 '가족 독서모임 기록하는 법'을 다시 보자.

독서모임을 한다면 별도 달도 따 줄게

내가 모임에 빠진 이유

최근에 블로그 이웃의 글을 보고 큰 감흥을 받았다. 친구 가족이 어릴 때부터 독서모임을 해 왔는데, 성인이 된 후에도 계속 유지하고 있다고 했다. 심지어 결혼해서 사위들까지 합류하고 있었다. 아이들이 크면 3대가 함께 독서모임 하는 날을 고대하고 있단다. 생각만으로도 가슴이 뛰었다. 한편으로는 그렇게 유지하기까지 얼마나 많이 노력했을지 생각하면서 우리 가족도 꾸준히 하면 그런 날이 오지 않을까 상상해 봤다. 나중에 아이들이 결혼해서 자식을 낳으면 그림책을 읽고 함께 나누는 멋진 할아버지가 꼭 되고 싶다.

어느 모임 날, 정해진 시간에 아내와 둘째가 각자 책을 갖고 테이블에 앉았다. 나는 최근에 참여한 독서모임에서 나눴던 제인 오스틴의 『설득』을 소개했다. 아내는 요즘 청소년 소설로 뜨고 있는 박소영의 『스노볼』을, 둘째는 조위테크와 크리스틴 루세의 그림책 『아빠의 두 팔』을 다뤘다. 나를 생각하고 고른 책일까 궁금했다. 독서모임을 시작하려는데 둘째가 불쑥 말을 꺼냈다.

"아빠, 우리가 소중한 시간을 내서 독서모임에 참여했는데 뭐 없어?"

"독서모임을 하는데 뭐가 있어야 해?"

"그럼! 최소한 간식이라도 준비해야지. 눈치가 없어."

"에고, 미안. 지금이라도 나가서 사 올까?"

"아냐, 대신 저녁으로 ○○분식에서 즉석 떡볶이 사다 줘."

"알겠어!"

아이가 독서모임에 참여할 수만 있다면 무엇인들 못 하랴. 하늘의 별을 따 달라고 해도 할 수 있다. 일단 냉장고에 참외가 떠올라 얼른 깎아서 대령했다. 이럴 땐 독서모임이 연애와 비슷하다는 생각이 든다. 상대방의 환심을 얻기 위해 열심히 밀고 당기는 모습이 지금의 나와 닮았다. '이러다 독서모임 고수가 되겠네.'

독서모임 날짜를 잡고 나면 그때부터 전전긍긍한다. '혹여나 마음이 바뀌면 어쩌지? 갑자기 무슨 일이 생기면 큰일인데.' 수시로 가족들 상태를 체크한다. 특히 아이들 마음은 바다에도 갔다가 산에도 갔다가, 불어오는 바람에 훅 하고 저 멀리 날아간다. 끌고 당기고 어떻게든 도망가지 않도록 붙잡는다. 가끔 이렇게까지 해야 하나 싶으면서도 모임을 통해 얻는 크나큰 기쁨이 어느새 나를 이끈다.

누가 먼저 이야기를 시작할지 순서를 정하는데, 오래간만에 가위바위보를 했다. 내가 이겼는데 둘째가 먼저 하란다. 표지 안쪽에 있는 작가 소개를 읽었다.

"이 책을 쓴 제인 오스틴은 셰익스피어 이후 최고의 작가로 불리는 분이야. 『설득』은 작가가 죽기 얼마 전에 쓴 책이지. 아빠는 책을 읽고 작가의 자전적 이야기가 많이 담겨 있다는 생각이 들었어. 줄거리를 설명할게. 주인공 앤은 세 자매 가운데 둘째야. 겉모습만 따지는 첫째 언니, 일찍 결혼했지만 늘 불만이 가득한 막내 사이에서 차분하고 사리 분별이 있는 사람이지. 앤은 19세 때 가난하지만 건강한 해군 프레드릭과 사랑에 빠져 약혼해. 하지만 일찍 돌아가신 엄마를 대신해서 의지하고 있는 엄마 친구 레이디 러셀의 충고로 결국 둘은 헤어지게 돼. 그리고 8년 후 프레드릭은 성공한 해군 대령이 되어 앤의 앞에 다시 나타나."

입술에 침까지 튀겨 가며 신나게 줄거리를 설명했다. 그런데 둘째가 하품하면서 얼굴 가득 지루함을 드러낸 채 한 소리를 했다.

"아빠, 왜 이렇게 긴 책을 골랐어? 줄거리 듣다가 지쳤어."

순간 정신이 번쩍 들었다. 자율 도서로 할 때면 종종 이러곤 했다. 아직 초등학생인 둘째는 이해하기 어려운 책을 만나면 금세 집중력이 흐트러졌다. 그럴 땐 관심을 끌 만한 질문으로 화제를 전환해야 했다. '뭐지, 뭐지.' 그러다 불쑥 한 가지가 떠올랐다.

"이 책은 우리 딸이 나중에 사람을 만날 때 겉으로 드러나는 모습뿐만 아니라 속까지 들여다보길 바라는 마음에서 골랐어. 다른 사람의 말을 무조건 따르지는 않았으면

했고."

"그럼 아빠는 엄마 만날 때 마음을 먼저 봤어?"

"아니, 첫 모습에 반했는데?"

"치, 뭐야. 그럼 나도 나중에 외모를 먼저 볼 거야."

입을 삐죽 내미는 모습이 귀여웠다. 다행히 내 질문이 통했는지 아내에게도 물으며 관심을 드러냈다. 한동안 우리는 마음이 중요한지, 외모가 중요한지를 놓고 열띤 토론을 이어 갔다. 책 내용에도 이렇게 관심을 보이면 좋겠다고 생각하면서도 욕심임을 알았다.

아내가 고른 책은 청소년 소설이라 그런지 초반부터 집중을 잘했다. 비행기가 이륙할 때 기류로 인한 흔들림이 끝나고 안전한 비행에 진입한 기분이었다. 이 시기가 되면 나 역시도 긴장이 살짝 풀린다. 마음속으로 '그래, 이제 되었어'를 읊조린다. 이때는 박자에 맞춰 추임새만 적절히 넣으면 된다. 줄거리 소개가 끝나고 나의 첫 질문에 둘째가 솔직한 마음을 담아 답변했다.

"스노볼이란 공간을 생각하면서 '과연 행복은 무엇일까' 하는 생각이 들었어. 각자 생각하는 행복은 어떤 거야?"

"당연히 공부 안 하는 거지. 매일 숙제하느라 얼마나 힘든데. 공부 없는 세상에서 좋아하는 춤도 추고, 친구들과 실컷 놀면서 살고 싶어. 그런 세상 어디 없을까?"

그러게. 지긋지긋한 학원, 숙제 없는 세상에서 마음껏 뛰놀게 해 주면 좋으련만. 현실은 그렇지 못했다. 슬픔이 둘째의 눈에 내려앉았다. 내 생각은 날개를 달고 어디론가 떠났다.

초록이 가득한 한적한 마을, 툇마루에 앉아 한가로이 책을 읽고 있다. 둘째는 그 앞에서 음악을 틀어 놓고 불어오는 바람에 검은 생머리를 날리며 신나게 춤을 추고 있다. 첫째는 양지바른 곳에 누워 커다란 눈을 껌벅거리는 강아지 또순이의 머리를 쓰다듬고 있다. 아내는 앞마당 테이블에서 우리에게 연신 손짓을 보낸다. 책을 갖고 오란다. 매주 한 번 있는 가족 독서모임 시간이다. 아, 행복하여라.

"아빠? 정신 차려! 내 책인데 집중해야지."

아차, 입을 헤벌쭉 벌리며 행복에 취했다. 꿈은 금세 먼지처럼 흩어졌다. 아쉬움에 입맛을 다셨다. 둘째는 나를 째려보며 가져온 그림책을 펼치고 손가락으로 가리켰다. 그래, 정신 차려야지. 둘째가 요즘 관심을 갖는 그림책이었다. 전부터 그림책을 좋아하기는 했지만, 지난번 이수지 작가의 책으로 독서모임을 한 뒤로 부쩍 관심이 늘었다. 이럴 땐 계속 밀어줘야 한다. 둘째는 신이 난 목소리로 그림책을 읽었다.

"이 책은 예전에 읽었는데, 아빠 생각이 나서 특별히 골랐어. 책 속 아이에게 아빠의 두 팔은 폭신한 이불이 되어 주고, 무서운 개를 만나도 튼튼한 성벽처럼 지켜 주고, 높은 미끄럼틀에서 내려오거나 비틀거리는 자전거를 탈 때도 꼭 붙잡아 줘. 수영장에서는 튜브로도 변하고, 더울 때면 언제든 기댈 수 있어. 아이가 바라면 어떤 모습으로도 변할 수 있는 만능 팔이야."

초롱초롱 반짝이는 둘째의 눈을 바라보며 열심히 경청했다. 그 모습에 흐뭇했는지 목소리가 점점 더 커졌다. 나는 옆에서 "와, 그렇구나.", "아이고, 어째." 등등 추임새를 넣었다. 조금이라도 딴짓하면 여지없이 레이저를 쐈다. 집중 또 집중이었다. 각자 생각하는 아빠의 두 팔은 무엇인지 질문하고 답했다.

어느새 독서모임을 마칠 시간이 다가왔다. 각자 소감을 이야기하며 마무리하기로 했다. 이어진 둘째의 소감에 어깨춤이 절로 났다.

"정말 좋은 시간이었어. 항상 느끼지만 가족이 무슨 생각을 하는지, 어떤 마음을 느끼는지 나눌 수 있어서 행복했어. 솔직히 할 때는 살짝 귀찮은 마음도 있는데, 하고 나면 얼마나 뿌듯한지 몰라."

물론 초등학생이 한 시간이 넘도록 집중하기가 쉽지는 않다. 귀찮아하는 마음도 공감되었다. 나도 그럴 때가 있으니. 하지만 막상 모임을 시작하면 둘째는 누구보다 즐겁게 참여한다. 딱 한 마디면 모임을 위한 내 노고는 모두 보상받는다. 적극적일 필요도 없다. 그저 계속하겠다고만 해주면 정말 하늘의 별도 달도 따 주겠다고 말하고 싶다.

가족 독서모임을 마치고 얼른 옷을 갈아입었다. 둘째가 주문한 즉석 떡볶이를 사러 가야 했다. 떠나는 발걸음이 모터를 단 듯 얼마나 가벼웠는지 모른다. 책을 통해 가족과 생각을 나누면서 서로를 더욱 이해하게 되었다. 이것이 가족 독서모임의 가장 큰 묘미다. 남은 시간 동안 떡볶이를 맛있게 나눠 먹으며 진하게 뒤풀이를 했다. 그런 와중에도 나는 다음 독서모임을 꿈꾸며 설렜다. 정말 나는 지독히도 이 모임과 사랑에 빠졌다.

가족 독서모임은 계속되어야 한다

독서모임은 평생 이어 갈 독서의 여정

4명, 4년, 48번. 신기하게 4라는 숫자가 계속 이어진다. 통상 우리나라에서 4란 숫자는 좋은 의미가 아니지만, 나에게는 다르다. 바로 가족 독서모임과 관련된 소중한 숫자이기 때문이다. 처음 시작했을 때 이렇게 오랫동안 이어 갈 줄 상상도 못 했다. 가족 독서모임을 하면서 좋았던 순간, 힘들었던 순간이 동시에 스쳐 가며 감회가 새로웠다.

지금도 우리는 한 달에 한 번 책을 읽고 나눈다. 숨을 쉬고, 밥을 먹고, 잠을 자듯이 가족 독서모임도 자연스럽게 하는 일로 굳어졌다. 물론 습관을 들이기까지 쉽지 않은 여정이었다. 솔직히 아이들이 어릴 땐 어렵지 않았다. 하지만 시간이 지날수록 자신만의 세계가 생기고 주장이 늘면서 위기가 찾아왔다. 내가 어릴 때와 달리 지금 세상에는 재미난 것이 너무나 많다. 핸드폰만 있으면 유튜브도 보고, 드라마도 즐기며 종일 시간을 보낼 수 있다.

첫째는 유튜브로 스포츠 영상을 보는 것이 취미이고, 둘째는 걸 그룹 영상을 보는 데 푹 빠져 있다. 그런 아이들과 책을 읽고 나누기란 참으로 어려운 일임을 점점 더 피부로 느낀다. 더구나 첫째가 사춘기에 진입하면서부터 수시로 감정을 드러내 부딪쳤다. 가족 독서모임을 하기 위한 첫 번째 원칙인 가족 간의 화목이 성립되지 않으니 모임 자체가 비틀거렸다. '이대로 그냥 포기할까. 아이들도 아내도 예전 같지 않은데 그만해야 하나.' 내 마음은 갈대처럼 이리저리 흔들렸다.

그럴 때면 지금까지 해 온 가족 독서모임의 기록을 하나씩 꺼낸다. 글을 읽으면 그때의 추억이 온전히 살아나 눈앞에서 숨 쉰다. 단순히 좋았던 기억을 넘어 함께 나눈 이야기들이 얼마나 서로에게 피가 되고 살이 되었는지를 깨닫는다. 우리 가족의 역사였다. 그렇게 약해진 마음을 다

잡고 주먹을 불끈 쥐며 모임을 향한 의지를 다시 한번 다진다.

가족 독서모임 책의 출간 제의를 받고 대표님과 했던 이야기가 계속 마음에 남는다.

"선생님, 한 가지 부탁이 있는데요. 책이 나온 뒤에도 가족 독서모임을 꾸준히 이어 갔으면 좋겠어요. 책을 읽고 모임을 시작한 사람이 분명 있을 텐데 선생님이 계속해 주셔야 의미가 있죠."

농담 반 진담 반으로 한 말이 나에게는 책임감으로 다가왔다. 가족 독서모임을 시작하고 블로그에 꾸준히 기록하면서 너무나 많은 사람에게 응원과 격려를 받았다. 구체적인 방법을 묻거나 실제로 우리 가족 독서모임을 따라 해 본 분도 많았다. 그럴 때면 마치 가족 독서모임 대변인이 된 것 같은 착각에 빠지기도 했다. 모두가 좋다고 하는 데는 분명 그럴 만한 이유가 있었다.

모임을 계속 이어 가려면 어떻게 해야 할지 진지하게 고민해 봤다. 그때 떠오른 생각이 힘 빼기였다. MBTI 성격 유형이 ISFJ인 나는 현실적이고 계획적이다. 그 말을 뒤집어 보면 일이 계획대로 되지 않을 때 스트레스를 많이 받는다는 뜻이다. 가족 독서모임에서도 그런 성향이 은연중에 발휘되었다. 정한 시간을 잊고, 책을 읽어 오지 않고, 참여하지 않으면 마음이 뾰족하게 변해 콕콕 찔렀다. 그 마음이 도리어 나쁜 결과로 돌아왔다. 다들 겉으론 표현하지 않았지만, 부담을 느끼고 있었다.

최근에 첫째가 가족 독서모임을 졸업하겠다고 선언한 뒤에 철회하는 과정에서 진지하게 이야기를 나누며 깨달았다. 첫째도 가족 독서모임의 긍정적인 면은 잘 알고 있지만, 반드시 참여해야 한다는 규칙이 큰 부담으로 다가왔다고 했다. 그간 내 생각만을 가족들에게 강요하지는 않았는지 돌아보게 되었다. 정말 그랬다. 넷이 아니면 셋이어도 좋고, 셋이 아니면 둘이어도 좋다. 물론 책을 읽어 오면 좋지만, 모임 중에 다른 가족의 이야기를 듣고 질문하며 나누기만 해도 괜찮다. 몸 상태가 좋지 못하거나 다른 할 일이 있다면 한 번쯤 참여하지 않아도 크게 문제 될 것은 없다.

마음을 비우고 나니 나 역시도 편해졌다. 몇 번 하고 그만둘 것도 아니고 벌써 4년 넘게 해 왔다. 가족을 믿고 계속 이어 가는 것이 무엇보다 중요했다. 그래서 지난번 모임을 마치고 속마음을 꺼냈다. "앞으로 가족 모두가 참여하면 좋지만, 그러지 못해도 괜찮다. 모임에 참여하기 어렵다면 모임 전에 사정을 말해 줘라. 책도 미리 읽어 보면 좋겠지만, 그러지 못했더라도 부담 갖지 말고 모임에 참여하길 바란다."라고 했다. 다들 알겠다고 했다.

그리고는 기다렸다는 듯이 첫째와 아내가 7월 모임 불참을 선언했다. 첫째는 기말고사 준비를 해야 하고, 아내는 그날 다른 약속이 있단다. 이전 같으면 일정을 조정해서라도 모두가 참여하는 날을 잡으려 했겠지만, 그냥 알겠다고 답했다. 다행히 둘째는 참여하겠다고 했다. 지난번에 둘이 했던 그림책 모임이 좋았다며, 이번에도 이수지 작가의 작품으로 모임을 하고 싶다고 요청했다. 사실 책은 미리 골라 놓았다. 『파도야 놀자』였다. 둘째에게는 곧 공개할 예정이다.

첫째와도 지난번에 둘이 했을 때 집중도 잘되고 좋았기에 기회가 된다면 꼭 다시 해 보고 싶다. 요즘 시사 문제에 관심이 생긴 첫째와 관련 책을 읽고 나누면 어떤 생각을 하는지도 알 수 있을 것 같다. 아직 아내와 둘이 해 본 적은 없는데, 첫째 때문인지 요즘 청소년 소설에 관심이 커졌다. 나 역시도 관심이 많은 분야라 같이 모임에서 읽어 봐도 좋을 것 같다.

우리가 해 온 가족 독서모임이 뿌리내려서 나중에 아이들이 가정을 이루어 새로운 모임을 만들길 바란다면 과한 욕심일까. 혹은 아내와 내가 호호백발이 되어 우리 아이들과 손주들까지 삼대가 함께 가족 독서모임을 하는 모습을 상상한다면 헛된 꿈일까. 불가능은 없다고 생각한다. 우리가 가족 독서모임을 시작하고 지금까지 이어 올 줄 아무도 몰랐듯이.

꿈을 현실로 만들기 위해서는 그저 지금의 가족 독서모임을 꾸준히 이어 가면 된다. 그 시간이 켜켜이 쌓여 언젠가 값어치를 증명할 날이 분명 다가올 것이다. 그때가 되면 지금 남긴 글도 더욱 빛을 발하겠지. 그래서 가족 독서모임은 반드시 계속되어야 한다. 이번 달도, 다음 달도. 올해도, 내년도, 앞으로도 영원히.

책을 나가며

가족 독서모임으로 꿈꾸는 일

몇 달 전 아는 분에게 연락을 받았다. 동네에 아이들 독서 수업 공간을 만들 예정이라며 조언을 구해 왔다. 나는 그런 공간을 운영하는 사람도 아닌데 왜 연락이 왔을지 생각하다 아내가 떠올랐다. 지인은 첫째 초등학교 1학년 때 친구의 엄마다. 아이들이 친해지면서 엄마들도 덩달아 가까워졌다. 아내는 특히 그분과 잘 맞아 자주 만나면서 자연스레 부부 동반 모임으로도 이어졌다. 나중에는 아빠들까지 따로 만나는 사이가 되었다.

아내에게 듣기로 당시 그분은 대학에서 독서 지도사 과정을 이수 중이었고, 나중에 아이들 책 수업을 하는 게 꿈이라고 했다. 그래서 우리 가족 독서모임에도 관심이 많았고, 만날 때마다 한가득 지지를 보내 줬다. 그러던 중 드디어 꿈을 이루었고 공간까지 만들게 된 것이다. 일단 내가 독서모임에 참여하면서 경험했던 내용을 공유했고, 최근에 북 카페를 창업한 분도 소개해 줬다. 우여곡절이 있었지만, 다행히 문을 열었고 수업이 시작되었다. 우리 아이들 모두 그분에게 책 수업을 받게 되었다.

최근에 그분이 한 가지 제안을 했다. 수업이 비는 시간에 독서모임을 해 보면 어떠냐는 것이었다. 우선 가족 독서모임을 그곳에서 진행해 보고, 나중에는 직접 사람을 모집해 독서모임을 운영해 주길 바랐다. 갑작스러운 제안에 바로 답을 하진 못하고 생각해 보겠다고만 했다. 가족 독서모임을 하는 것은 어렵지 않았지만, 새로운 사람들과의 독서모임은 조금 부담스러웠다.

지금 참여하고 있는 '하나의책' 독서모임에는 나와 같은 회원으로 시작해서 지금은 자신만의 독서모임을 운영하는 분들이 많다. 이제는 다들 자리를 잡아 안정적으로 모임을 운영해 나가고 있다. 독서모임 대표님은 그분들을 적극적으로 밀어줬고, 나 역시도 하겠다고 했으면 분명 기회를 줬을 것이다. 하지만 자신이 없었다. 아직은 부담 없이 회원으로 참여하고 싶은 마음이 컸다. 그래도 속으론 점점 영역을 확장해 가는 모습이 부러웠다.

그러던 차에 아는 분의 제안이 잔잔한 마음에 돌을 던졌다. 오래된 꿈을 자꾸 떠올리게 했다. 아직 아내에게조차 구체적으로 말한 적 없는 마음속 깊이 간직한 꿈이다. 언젠가는 한적한 곳에서 조그마한 책방을 운영하고 싶다. 그곳에서 독서모임도 하고, 글쓰기 수업도 하면서 소소한 하루를 아름답게 꽃피울 예정이다. 지금 내가 하는 일은 모두 그때를 위한 초석을 다지는 과정이다.

일단 제안을 받았으니 무엇이라도 해야 했다. 다음 가족 독서모임은 그분의 공간에서 하기로 약속했다. 그냥 하면 왠지 허전하기에 나 또한 제안을 했다. 그분의 가족도 함께 참여하면 어떠냐고 물었다. 일종의 협업이었다. 기쁜 마음으로 함께하겠다는 답을 받았다. 다만 남편이 책을 좋아하지 않아서 잘 설득해 보겠다고 했다. 나도 옆에서 지원 사격을 해야겠다.

우리 가족 4명과 그분 가족 4명, 총 8명이 참여하는 가족 독서모임이 성사되었다. 책은 공통 도서로 내가 준비하기로 했다. 각자 수준이 다르기에 편하게 참여하기 좋은 그림책으로 진행할 예정이다. 특히 첫째는 친구가 있기에 전보다는 적극적으로 참여하지 않을까 기대가 된다.

그러면서 불쑥 한 가지 생각이 머릿속을 스쳐 간다. 앞으로 가족 독서모임을 하고 싶어 하는 가정에 도움을 주는 일도 의미가 있을 것 같다. 우리 가족 독서모임을 아는 주변 사람들은 자기도 꼭 해 보고 싶은데 어떻게 해야 할지 방법을 모르겠다는 말을 자주 했다. 옆에서 열심히 설명해 보지만, 이론과 실제는 달랐다. 결국 몇 번 시도하고 그만두는 경우가 종종 있어 안타까웠다.

아직 구체적인 형태는 없지만, 희망하는 가족을 공간에 초대해 함께 참여하며 독서모임의 규칙부터 도서 선택, 진행 과정까지 도움을 주는 촉매제 역할을 하면 좋겠다는 생각이 들었다. 이는 우리 가족 독서모임을 계속 이어 가게 하는 힘도 되어 줄 것이다. 일단 주변 지인 가족 중심으로 시도해 보고 점차 영역을 확장하면 좋을 것 같다.

또 기회가 된다면 가족 독서모임 전도사가 되어 강의를 통해 사람들에게 좋은 점을 널리 알리고 싶다. 가족이면서도 어떻게 대화할지 몰라 벽을 치고 지내는 경우를 주변에서 흔히 볼 수 있다. 아빠 엄마는 일로 바쁘고, 자녀는 공부의 늪에 빠져 정작 소중한 것을 지나치고 있다. 더구나 아이가 사춘기에 진입하면 그 간극이 너무 커져서 건널 수 없는 강이 되기도 한다. 나중에 후회해 봐도 이미 배는 떠났다. 이때 가족 독서모임이 해결책이 될 수 있다.

그저 한 달에 한 번 함께 책을 읽고 나누는 일만으로도 소통의 장이 열리기 때문이다. 아이가 어릴 때부터 꾸준히 한다면 나중에 크더라도 자유롭게 생각을 나눌 수 있다. 물론 습관을 만들기까지는 노력이 요구되기에 반드시 도움이 필요하다. 그 일을 내가 해 보고 싶다. 사람들 앞에서 강의하는 모습을 떠올리니 온몸에 찌릿찌릿 전기가 흐른다.

하나둘 꿈을 키우다 보니 끝도 없이 이어졌다. 이렇게나 할 수 있는 일이 많다니 놀라울 따름이다. 실현 가능성은 장담할 수 없지만, 뜻이 있는 곳에 언제나 길이 있었다. 가족 독서모임을 시작하면서 이렇게 책까지 쓸 줄 누가 알았겠는가. 시작했기에 가능한 일이었다. 앞으로도 가족 독서모임을 꾸준히 이어 가고 관련된 일을 조금씩 확장해 나가면 언젠가는 내 꿈에 다다르지 않을까. 이제 순풍에 돛을 달고 먼 항해를 위해 천천히 나아가는 일만 남았다. 잘할 수 있어, 분명히.

MEMO

우리 가족 독서모임 만들기

1. 독서모임 이름은?

_____

2. 함께 읽고 싶은 책은?

_____

3. 독서모임 일정(예: 둘째, 넷째 주 토요일 오후 2시)

_____

4. 함께 하고 싶은 활동은?(예: 여행지에서 독서모임 하기)

_____

5. 규칙 만들기

_____

_____

_____